Juana Manuela Gorriti

LA TIERRA NATAL

◔- STOCKCERO -◑

Gorriti, Juana Manuela
    La tierra natal - 1a ed. - Buenos Aires : Stock Cero, 2005.
    84 p. ; 22x15 cm.

    ISBN 987-1136-36-6

    1. Memoria Autobiográfica. I. Título
    CDD 920

Copyright © Stockcero 2005

1° edición: 2005
Stockcero
ISBN N° 987-1136-36-6
Libro de Edición Argentina.

Hecho el depósito que prevé la ley 11.723.
Printed in the United States of America.

Ninguna parte de esta publicación, incluido el diseño de la cubierta, puede ser reproducida, almacenada o transmitida en manera alguna ni por ningún medio, ya sea eléctrico, químico, mecánico, óptico, de grabación o de fotocopia, sin permiso previo del editor.

stockcero.com
Viamonte 1592 C1055ABD
Buenos Aires Argentina
54 11 4372 9322
stockcero@stockcero.com

Juana Manuela Gorriti

LA TIERRA NATAL

basada en la edición de
Buenos Aires, Félix Lajouane, 1889

Indice

Juana Manuela Gorriti ....*vii*
La tierra natal *1*

Juana Manuela Gorriti

(*)
Cuando en Chile meditaba mi inolvidable viaje al Perú, impulsábame hacia el imperio de los hijos del sol, el deseo de conocer á Lima, y dos personas de diverso sexo y vocación diferente, que me interesaban sobremanera: el Padre Esquiú, oculto en el convento de Descalzos, esquivando la frente á la mitra del Arzobispo de Buenos Aires, y Juana Manuela Gorriti, arrojada por las ondas aireadas del Océano de la vida, en una escuela de niñas, que le había servido de playa salvadora en el naufragio. Recién en una noche del mes de Mayo de 1873, inmediata á la de mi llegada á la ciudad de los Reyes, pude realizar esa especie de sueño de mi imaginación, quedando incompleto en cuanto se refería al modesto y elocuente franciscano, refugiado é incógnito en el monasterio más respetado de la capital, cuyos cimientos abrió Pizarro con los bien templados aceros de la hueste conquistadora. Próximo á emprender un largo viaje, al despedirme con enternecimiento de todo lo que constituye una gloria de mi tierra natal, siento imperiosa necesidad de hablar de aquella anciana, pródiga en buenos deseos para el que se aleja, y á quien desde luego espera de retorno, aguijoneada por la curiosidad de conocer las impresiones que le dejen las cosas grandes, de ese otro mundo mayor que el que la cuenta entre sus hijos esclarecidos.

Nacida en medio de agitaciones, la vida de Juana Manuela Gorriti se ha desenvuelto entre tempestades. Parece que todos sus actos participaran del aspecto agreste, á la par que grandioso, de los Andes de Salta, su cuna; de Bolivia, su refugio en la proscripción; del Perú, su oasis en las penurias de larga peregrinación. Las alas de su espíritu, parecidas á las del cóndor, la llevaron del valle á las alturas de la cordillera. Visitada por la inspiración, divide con la Avellaneda el imperio literario de la mujer americana en la América

(*) Publicado en *El diario*, de Buenos Aires, el 5 de noviembre de 1888.

española. Lo que de viril y adusto le imprimió el infortunio, lo ha modificado el sentimiento femenil, tierno y delicado, desbordante de su corazón, como la savia de la floresta colombiana, o la resina del tronco herido por el hacha del sándalo de la India.

Apenas tras ruda batalla recuperó la serenidad del ánimo, reapareció en ella la soñadora de lo bueno, la utopista de lo bello, la imaginación creadora del artista, que la impulsa á ver flores en el campo erial y virtudes en los corazones empedernidos. Los hijos de su fantasía, aparentemente menos amados que los de sus entrañas, en consorcio con la bondad del carácter, alejándola de la misantropía compañera de las decepciones, la han entregado como maniatada al optimismo más generoso. Pocos argentinos han leído tanto como ella en el libro de la naturaleza. Una intuición superior infunde en su espíritu la visión de las cosas ignotas. La práctica de la vida, las reminiscencias de la juventud, la circunstancia de haber tomado parte en episodios extraordinarios de nuestra historia, constituyen la fuente inexhausta de su conversación interesante, instructiva, encantadora, que encuentra la fuerza en el ingenio, y la gracia en la palabra brillante y apropiada, que como el agua de las cumbres de la sierra, se purifica incesantemente en virtud de la elevación de la caída.

Juana Manuela Gorriti lo ha contemplado: el campo de batalla de los bandos y de los pueblos; el desgarramiento de los sentimientos ajenos y la lucha solitaria de las propias pasiones. Observadora, no sólo ha visto, sino que ha estudiado cuanto ha caído bajo su mirada: afectos é ideas, aspiraciones y fibras de la naturaleza humana. Narradora por inclinación, no puede dejar de repetir lo que es idea de su cerebro o visión de su fantasía. Analiza el espíritu como un psicólogo, diseca la entraña como un fisiólogo, y de aquí que algunas de sus obras parezcan haber tenido por buril un escalpelo, y por escritorio la mesa de un anfiteatro. Artista minuciosa y delicada, reuniendo los elementos grandes y pequeños, ha concertado los colores, variados de ciertas narraciones, con la paciencia inteligente de los fabricantes de mosaicos de Florencia. En aquella cabeza de mujer dibujada por ella, brillan las tintas de su abundante paleta, como los toques lucidos de los esmaltes de Limoges. Algunas breves leyendas que apenas forman una escena, recuerdan los bajos relieves, reducidos y artísticos, de los plateros de la época de Cellini. Encuéntrase en la colección de sus obras, marcos primorosamente labrados, conteniendo composiciones de importancia dudosa, que involuntariamente traen á la memoria algunos lienzos italianos, que sobreviven por las cornisas venecianas, que formaron uno de los ramos del arte escultórico de la antigua reina del Adriático.

La morada que parecía albergue proporcionado á la familia que la ocupaba, después de desaparecido el padre, toma insólitas proporciones, producidas más por el físico, por el vacío moral que dejara el Patriarca. El esparcimiento de los supervivientes no puede cubrir el trecho que él ocupaba á la larga mesa del comedor, en que se celebraron tantas fiestas de familia, y se partió muchos años el pan de la Navidad. Levantados los manteles, unos se retiran á sus habitaciones huyendo de los recuerdos, otros van á perseguirlos en el salón, donde todas las noches el padre pagaba, reclinado en un sitial, tributo anticipado á la fatiga del día. Cuando las aves anidadas en las cornisas de las ventanas, comenzaban á desperezar las alas y á saludar el día, asomábase á ellas el anciano, apercibido por el instinto, para emprender la jornada de las veinticuatro horas inmediatas. Aquellos árboles los plantó un hermano que no los vio florecer; aquella fue la alcoba en que una madre santa dio á luz sus hijos con acerbos dolores, y, donde, reclinada en el seno de la misericordia divina, se despidió de ellos, ungiéndoles la frente con la última de sus lágrimas; aquel gabinete fue el preferido de los amigos de la familia, entre los cuales figuraban próceres de la patria, que eran acogidos con veneración; aquella otra habitación, humedecida por el musgo de las paredes, fue la escuela en que los pequeños aprendieron á rezar y á leer; aquellos árboles, aquellos muros, aquellas plantas, constituyeron un día el hogar, el paterno hogar, enlutado al abandonarlo quien le puso los fundamentos, convertido en ruinas al diseminarse la nueva generación, impulsada por vientos parecidos á los que arrancan del tronco y arrastran á larga distancia las hojas secas de la floresta.

«Horcones» llamose el hogar en que nació Juana Manuela Gorriti, y habría perdido el sitio hasta el nombre, si en la edad provecta, ella, no lo hubiera reconstruido con la imaginación, volviéndole como á evocar de un «montón informe de malezas y de ruinas, habitado solamente por los tigres y los chacales». Estas líneas son un monumento literario, que por razón de la existencia duradera y elocuente del papel, vivirán más que las piedras deleznables y mudas del hogar de los Gorriti, derribadas por el abandono de sus dueños y pulverizadas por los cascos de los caballos de la horda triunfante.

Juana Manuela Gorriti cultiva con esmero y conserva todavía fresca y sonriente la flor de la cortesía, que con tan pocos ejemplares va contando. Péonese al habla, sin repugnancia, con todo el que la solicita un servicio o un consejo, elevándose hasta los que poco ignoran y descendiendo hasta los que nada saben, para alentarlos modestamente á abandonar las incertidumbres de la acción y las sombras de la inteligencia. La necesidad obligola en Lima á ganarse el pan cotidiano enseñando niñas, que llegaron á ser como hijas suyas. Después de corridos algunos años de maestra, dócil á sus inclinaciones artísticas fundó, en el mismo modesto albergue, las Veladas literarias, que prestaron pábulo á la conversación y á las letras, que echan de menos en salones y academias la forma concreta y castiza de su palabra, brillante, instructiva y siempre intencionada. La benevolencia, la versatilidad, la abundancia, la ligereza del pensamiento alado, caracterizan esta conversación, que interesa á los hombres y atrae á los niños, porque forma una especie de agrupamiento artístico de imágenes, ocurrencias y episodios, en que la interlocutora distribuye la luz á la manera de Rembrandt, si refiere asuntos dramáticos, o esparce las claridades místicas de Murillo, si pinta algún cuadro hebreo, en que descolló el niño Jesús o figuró la virgen María, regando el valle de lágrimas con el vino de Canaán. Entra en materia con el pie vacilante y tímido de quien cree va á hacer o decir más o menos lo que debe, retirándose sin vanagloria pueril cuando convence, o silenciosa después de haber replicado una vez sola al porfiado. En sus viajes azarosos á través del desierto y de la montaña, ha adquirido repugnancia invencible á las asperezas y á las espinas, evitando, á costa de cualquier sacrificio, el contacto con lo que es grosero o punzante. Por eso en sus salones de Lima y Buenos Aires, se respiró siempre el ambiente sereno y perfumado de la casa solariega y aristocrática en que nació, arrullada por los cantos maternos y los himnos patrióticos que saludaban la independencia americana.

He calificado ex profeso de aristocrática la casa que los antepasados de los Gorriti fundaron en la Provincia de Salta, porque, en mi lenguaje, apeno como mi espíritu á preocupaciones nobiliarias, aristocracia es sinónimo de superioridad moral é intelectual. Cuando tomo «Sueños y realidades « (¡cuán blandos han sido los sueños, y, cuan duras las realidades de la tutora!) busco la página consagrada por ella al hogar paterno, para repetir con emoción fiel á el alma como el dolor al hombre, el apóstrofe, á las ruinas de «Horcones», al parecer inspirado en los trenos de Jeremías. Prueba convincente de la superioridad intelectual y del refinamiento del gusto, que he llamado aristocrático, porque es resultado de una especie de elección, me parecen esos renglones, que, como el libro entero, ostentan la gallardía de la lengua de nuestros antepasados, enriquecida por las voces de los idiomas indígenas y las figuras poéticas de un mundo nuevo. Arrancan las lenguas cintas del lenguaje popular. La grandeza de los idiomas, definidos por las Academias, reglamentados por las Gramáticas, se revela en la aplicación original y elevada de los vocablos, vehículos de las ideas, y al mismo tiempo galas del pensamiento, porque del uso apropiado é inesperado de las palabras resulta la elegancia y novedad de la dicción escrita o hablada. Juana Manuela Gorriti, empleando con acierto el instrumento de la palabra, ha encontrado el camino de la belleza de la forma que inmortalizó el arte griego. La manera particular de manejar la pluma o la palabra, constituye el derecho de propiedad del estilo en los artistas del pensamiento. Nuestra paisana ha conquistado el derecho de que se la reconozca ese título, expresándose originalmente en la lengua de Cervantes. Ella ha escuchado en las yungas, en las punas, en los valles y en las pampas americanas, el lenguaje de las criaturas sensibles é insensibles, el gemido del viento, la querella del indio, el sollozo de la quena, y después de describir el desfiladero escabroso, la huaca profanada, la silueta agria de la montaña, el perfil adusto del arriero curtido por las inclemencias, la figura melancólica del payador errante, ha compuesto tragedias y dramas, al parecer escritos ora á la luz deslumbradora del sol de los trópicos, ora al reflejo de la hoguera de los campamentos, ya alumbrada por el candil de la posada del caminante, ya en la granja rodeada de aldeanos, ora en el hogar circundado de mozas y mozos, ávidos de recoger en la memoria esas creaciones maravillosas, alternadas con cuadros cómicos, en que predominan la virtud y el amor, la sencillez de los hábitos y la inocencia del corazón.

Vinculada por la sangre á próceres de los tiempos heroicos del continente; ligada por amistades de familia á muchos de los actores del drama de la tiranía; relacionada con tres generaciones de prosistas y poetas de merecimiento en Salta, en Sucre, en la Paz, en Arequipa, en Lima, en Santiago, en Buenos Aires, su obra ha sido vasta por el dilatado tiempo de la acción, y americana por el teatro en que ha desplegado su asombrosa actividad, reflejando, por decirlo así, las diversas faces políticas y literarias de la patria grande, con una sobriedad de líneas y colores que puede envidiarle, con razón, cualesquier escritor de la raza sajona.

La energía de la voluntad y los sueños de la imaginación, sostienen á nuestra compatriota de pie en las tribulaciones del alma y en las enfermedades del cuerpo. Como al Tacora, como al Misti, la nieve de la frente no le apaga el fuego de las entrañas. La voz de un clarín recordándole hazañas y victorias, la incorpora en el lecho en que yace postrada, de la misma manera que el repique de las campanas de la Pascua disipa el abatimiento de su espíritu desconsolado. En el árbol de Navidad, que todos los años planta, cabe el artístico pesebre en que reposa una imagen quiteña del niño Jesús, compañera inseparable suya en todos los viajes penosos, la refrigera con su sombra benéfica. No se cambiaría ella en la noche buena, rodeada de niños interesados sobremanera en cosechar los frutos que penden del árbol simbólico, por la graciosa Emperatriz de la India, cuando en su morada de Londres recibe los tributos del país del marfil, la seda y la porcelana.

Pero lo más admirable de esta naturaleza sensitiva, es que ni la envidia ni el rencor la cuentan entre sus inflexibles ministros. Instintivamente, sin esfuerzo alguno, admira á sus émulos y perdona á sus enemigos. Cuando se piensa en que Juana manuela Gorriti tiene adversarios, preciso es confesar de plano que la superioridad es una especie de pecado original que no ha sido redimido todavía.

El hogar de la señora Gorriti, tan modesto como atractivo, sus hijos tan inteligentes como simpáticos, su conversación tan sencilla como interesante, jamás se borrarán de mi memoria, jamás se borrarán de mi memoria, como el año, el mes, el día y la hora en que la conocí en la casa de Lima, convertida en escuela de niñas ricas y pobres. Absorbido por los recuerdos divinos de Jerusalén, la belleza histórica de Roma, la grandeza material de Londres, lo sobrenatural de Lourdes, lo tradicional de España, lo poético de Granada, las montañas de Suiza, los canales de Venecia, el recuerdo del pincel valiente y seguro de la artista americana, hará vacilar el mío sobre el lienzo en que diseñé apenas lo que ella habría pintado de mano maestra. Al aproximarse el momento de despedirme de Juana Manuela Gorriti*, renunció á formular todo concepto que exprese con ternura mi admiración por su talento, mi respeto por sus dolores, mi gratitud por los consuelos y plácemes, suyos, que me confortaron en el abatimiento, ¡pues temo que importuna lágrima borre mi firma al pie de estos renglones!

S. Estrada
28 de octubre 1888.

Señor don Santiago Estrada.
Presente

Querido amigo:
¡Gracias! Aunque de más parezca esta palabra un corazón que, hace largo tiempo, está llena de gratitud para usted.
Al leer el recuerdo que se ha dignado usted consagrarme, y o, tan humilde, héme por vez primera, sentido envanecida.
Y ¿cómo no estarlo con el elogio formulado por aquel, cuya palabra fue siempre la expresión de la verdad y de una austera convicción?
Por ello, ruego á usted me permita el honor de colocar esas benévolas frases al frente del libro que consagro á la tierra natal, como una carta de presentación á sus hijos que no me conocen, porque de ellos hame separado medio siglo de destierro.
Si alguna gloria pudiera haber para mí en esas páginas de lejanas memorias, será el hallarse al lado del ilustre nombre de Santiago Estrada, el de–

Juana Manuela Gorriti
S/c, Noviembre 6 de 1888.

---

* El autor partía para Europa.

La tierra natal

– I –

Tantas veces habíase desvanecida la esperanza de volver á ver el amado país, que, confiando ya sólo en un milagro, volvime hacia Aquella que la ciudad natal venera con tiernísimo culto, imploré su protección y le hice una promesa.
Supiéronlo; y en Salta, como en Buenos Aires, sonrieron con el descreído escepticismo de la época.
Sin embargo, aquel que más burla hizo de mi voto, fue el bendecido instrumento elegido, para realizar el milagro...

– II –

Nunca proscrito, al tornar de largo destierro, sintió el gozo que llevaba en el corazón la viajera que, un día diez y siete de agosto, se embarcaba, camino de Salta, en el ferrocarril al Rosario.
Aquel momento tan largo tiempo anhelado, parecíame un sueño y estrechaba fuertemente una contra otra, mis manos para persuadirme de estar despierta.

– III –

La vista de Córdoba con su fisonomía graciosa y original, el aspecto heterogéneo de los pasajeros y la belleza característica de los diversos paisajes que atravesábamos, pudieron apenas borrar aquella obsesión.
No para matar el fastidio que yo no conozco, sino por hacer como los otros, llevaba un libro: una reciente publicación que ni siquiera abrí; porque, allí en el mismo *wagon* y cerca de mí, un grupo de literatos iban leyéndole y, frase á frase destrozándolo sin piedad.
¡Ah! Necesaria es la fruición inefable del escritor al dar á luz un libro, pa-

ra que pueda sobreponerse al terror de entregar ese hijo de su corazón y de su pensamiento, al diente chacálico de los Zoilos[1], esa temible jauría que ahora veía yo mascar el que tenían en las manos, con los refinamientos de una acerba animosidad.

Mientras ellos se llenaban las fauces de hiel, entregados á aquella ingratísima tarea, yo, cerrado sobre mis rodillas el asesinado libro, divertíame escuchando las conversaciones que de un estremo al otro del *wagon*, se cruzaban entre los viajeros; todas incoherentes como el personal que las producía. Había de todo: plática, parla y charla.

—Es joven –decía uno de tres militares que iban apestándonos con el humo de sus cigarros– es joven y posee grandes cualidades de inteligencia y corazón. Lo he visto en circunstancias difíciles actuar en la política, en la finanza, en la sociedad, en la familia; y en todo conducirse muy bien.

—Pero tiene muchos enemigos.

—¡Ah! Es que no puede uno ser amado de todos... Eso, sólo el General Mitre... y los billetes de Banco.

A mi izquierda, lado opuesto de los críticos, un conciliábulo femenino cuchicheaba fruslerías.

—¡Si vieran ustedes qué dos lindos sombreritos llevo! Dos primaveras de flores y de tules para deslumbrar á Tucumán.

Así decía una bella joven de grandes ojos negros. Y yo me figuraba el fulgor de esos luceros entre los tules de aquellas *primaveras*.

—*Lo que es yo* –replicaba una vieja– nada habría envidiado para mi tiempo, sino los flequillos, esos encantadores ricitos sobre la frente. Cuando las muchachas se los levantan, me parecen *afrentadas*.

—Todo en la moda actual es bellísimo.

—Menos el horrible polisón ¿qué dromedario lo inventaría?

—La moda lo impone y es preciso obedecerla. Quien no lo usara, sí que parecería afrentada.

—¿Y qué me dice usted del calzado? ¿Puede haber ya belleza en el pie, ese dije en la mujer, esa prueba de distinción en el hombre?...

¡Gracias á Dios que soy vieja, para no ver á mi novio embarcado en esas chalupas de afilada proa, que, con el nombre de botines, llevan estos desventurados!

Y señalaba á dos elegantes que sentados delante de ellas, cruzada una pierna sobre otra, ignorantes del terrible proceso entablado á sus extremidades, iban balanceándolas distraídamente y platicando de amores.

—¡Cuán lejos estoy yo, todavía, de la dicha que tú tienes ya tan cercana! –decía el uno, fijos los ojos en lontananza, cual si evocara dulces memorias–. ¡Y pensar que te alejas en esos deliciosos días de espera, la época más radiosa del amor y de la vida!

—Distingo –observaba el otro sonriendo–. Tú hablas de los prelimina-

---

[1] *Zoilos*: críticos presumidos y maliciosos. Por Zoilo de Anfípolis un retórico de influencia cínica del siglo IV aC que en su obra en nueve libros *El Látigo de Homero* criticó impertinentemente las obras de Homero. También escribió críticas de Platón e Isócrates.

res: las pláticas del balcón á la calle; en el teatro; en las naves de las iglesias; en los bailes del Progreso[2]... Ese poema ha concluido para mí con el cambio de *estas*, –señalando una alianza que llevaba en el anular izquierdo– y antes de entrar en pleno noviazgo, situación que nuestras costumbres han tornado tan ridícula, huyo, so pretesto de arreglos pecuniarios, para no regresar sino el día de la boda.

—¡Tú blasfemas! ¡Cómo! Esas dulzuras cambiadas á media voz, inclinado el uno hacia el otro, en el arrobador aislamiento que la benevolencia social permite...

—Esa actitud es un espectáculo soberanamente ridículo, y además, un inconcebible faltamiento á los suyos y á los huéspedes del salón. Qué de veces, cuando mi hermana atravesaba la referida temporada, he deseado abofetear á mi futuro cuñado.

—¡Qué distinta manera de juzgar tenemos! á mí me place esa anticipada intimidad, nuncio de días venturosos.

Pero, desdichado, ¿qué dejáis, entonces, para la alcoba nupcial?

—Señores, he aquí la Estación Frías. ¡A tomar la ronda del mate riquísimo que sabe cebar la Escolástica! –exclamó un pasajero saltando á tierra, apenas detenido el tren. Y corría hacia una fogatita que ardía al aire libre, haciendo hervir á grandes borbotones la pava tradicional.

Al lado, de pie, una mujer –la Escolástica– en la mano un mate de boquilla y bombilla de plata, cebaba y servía por turno á un círculo mixto que muy luego –¡horror!– ensancharon los dos elegantes platicadores; y... hasta mi pulcro y delicado acompañante, el joven Francisco Centeno, fue también á poner entre sus labios el tubo que estaba introduciéndose en tan variadas bocas!

¡Poder de la costumbre!

– IV –

Tucumán dormía una fresca alborada cuando bajamos á descansar en su estación la media hora que se nos concedía.

Las puertas comenzaban á abrirse.

Al través de las rejas de los vestíbulos, divisábanse dos floridos patios tapizados de madreselvas y jazmines del Cabo.

¡Qué delicioso paraíso es Tucumán!

Lástima grande que esa valiosa producción, la caña de azúcar, llevada hasta las puertas de la ciudad, haya infestado su perfumado ambiente y engendrado esas legiones de horribles cucarachas que invaden los elegantes salones y las lujosas alcobas, cuyos artesonados roen y devastan...

---

2   *Progreso*: hacia mitad del Siglo XIX la moda del Positivismo había impulsado la creación de clubes sociales denominados "Del Progreso" en casi todas las ciudades importantes de Latinoamérica.

– V –

Al volver á ponernos en marcha, encontré en mi *wagon* una amable compañía: los señores Ruiz y García con sus bellas esposas; el señor Gordillo con su preciosa hijita; y un distinguido joven, el señor La Rosa, hijo del sabio ingeniero de ese nombre.

Aunque por primera vez me veían, acogiéronme con amable cordialidad. Ellos, que se proponían una mañana de campo y un almuerzo sobre el césped, quedáronse para partirlo conmigo en la Estación de Vipos, donde, en vez de la troncha[3] á la *minuta*[4], relación obligada del viajero en aquellos parajes, regalaron mi paladar deliciosos fiambres, panecillos de manteca, y un vino riojano tan exquisito, que me hizo prorrumpir en un brindis de bendición á la copa y á la mano que lo produjeron.

—Es el *Tinto de la Suegra* –dijo el señor Gordillo; y añadió sonriendo– Mi madre, su fabricante, lo llama así para bromear á su yerno.

– VI –

En el curso de aquel día vi desfilar á lo lejos, rápidos como en sueños, sitios conocidos y poblados de recuerdos: Trancas, Candelaria, Obando, Arenal, Sauces, Rosario.

¡Qué de veces, cuando niña, había ido allí, llevada en brazos por *tata* Melcho, o por el viejo Gubí, sentado sobre el arzón del lomillo, al abrigo de los *guarda-montes* á ver las carreras en las ferias, o á escuchar el canto de los *payadores* en las *alogeadas*[5] de los Puestos!

¡Qué larga y desastrosa epopeya, entre el presente y ese lejano pasado!

Pero, el viaje al través de la tierra amada no comenzó, verdaderamente, para mí, sino después de Metán, donde llegaban los trabajos del ferrocarril, y comenzaba entonces el servicio de mensajerías hasta Salta.

– VII –

Anochecía cuando llegados al término de la línea férrea desembarcamos entre los matorrales ennegrecidos por la noche, á corta distancia del pueblo, cuyas luces comenzaban á extenderse.

Entre los grupos de gente que llegaban al encuentro de los viajeros, un hombre llamaba, pronunciando mi nombre.

---

3   *Troncha*: tajada, loncha, porción de algo, generalmente un comestible
4   *A la minuta*: dícese de los platos incluídos en la lista de un restaurant
5   *Alogeadas*: o alojadas, de *Aloja*, bebida fermentada hecha de algarroba o maíz, y agua.

—¡Germán! —respondí yo, llamando, á mi vez.
—¡Querida tía!

Y la tía y el amable sobrino, desconocidos uno del otro hasta esa hora, abrazáronse cordialmente.

Era Germán Torrens, hijo de aquel inolvidable, Juan José Torrens llamado con justo titulo el *chiste viviente*.

Germán y su hermano, casados con dos nietas del General Pablo Latorre, fueron el iris de paz entre dos familias, unidas en estrecha amistad y separadas después, durante largos años, por los sangrientos odios de la guerra civil.

Germán mandó acercar el carruaje en que había venido á mi encuentro y en el que me aguardaba su esposa, linda joven que me recibió en sus brazos.

Lleváronme á su casa, fresca y agradable vivienda, iluminada en mi espera con luz de fiesta.

Pude entonces contemplar á la esposa de Germán cuyas facciones me había ocultado la oscuridad.

Deidamia —su nombre— es una interesante joven de bellísimos ojos, negra y abundante cabellera.

Ella, su hermana y su prima, rodeándome solícitas, sonriéndome con su juvenil sonrisa, inundaron mi corazón de dulcísimo consuelo.

Parecíanme ángeles demandando el perdón de antiguos agravios y derramando sobre ellos las flores de la divina misericordia.

– VIII –

Al día siguiente, por una hermosa alborada, tomamos la mensajería llevada por nueve mulas y un conductor, camino de Salta.

Éramos ocho pasajeros, repartidos en la berlina y el *coupé*.

Única de mi sexo, y también á causa de mi edad, rodeábanme atenciones y cuidados.

A mi lado sentábase un *gauchi–político* [6], hombre de cincuenta años, tinte cobrizo y barba y melenas estupendas.

Apoderábase de toda conversación; y, elevada o banal, llevábala siempre al terreno del partidismo político.

Los nombres de Miguel Juárez Celman y de Bernardo Irigoyen salían á cada momento de entre sus enmarañados bigotes, pero, ¡caso raro! sin saña ni pasión por ninguno de ellos, hablando de los sucesos políticos presentes y pasados y aún de las más terribles catástrofes originadas por ellos, con increíble serenidad, hasta con un ligero tinte de ironía, nota inseparable en todas sus frases.

Excepto él y yo, todos execraban de antemano el fragoso camino que nos

---

6   *Gauchi-político*: el término fue acuñado por el poeta gauchesco Hilario Ascasubi (1807-1875) al editar en Montevideo a partir de 1829 el diario *El Arriero Argentino*, que ponía en boca de gauchos las denuncias contra Juan Manuel de Rosas.

aguardaba una legua adelante, enumerando uno á uno, los tajos, laderas y gruesos pedrones que iban á zarandearnos de lo lindo en las veintisiete leguas tendidas delante, hasta el *Pontezuelo*.

Yo no los escuchaba.

Habituada á los penosos viajes á lomo de caballo por los ásperos senderos que serpean sobre los abismos en los elevados picos de los Andes, todo camino y todo vehículo parecíanme deliciosos.

Extasiada ante el esplendente paisaje, olvidando que me escuchaban:

—¡Hete ahí –exclamaba– purísimo cielo de otro tiempo! Pintorescos sebilares [7]; rientes serranías de Metán, coronadas de vuestro majestuoso Crestón; ¡bendito sea Dios, que me permite volver á veros!

—¡Hum! –gruñó alguien en el fondo del coupé– no son pocos los *majestuosos* barquinazos que van á molernos los huesos á vista de esas rientes serranías y entre esos *pintorescos* sebilares...

—Que vieron degollar y fusilar más unitarios y federales que pelos tengo yo en la cabeza– interrumpió el gauchi–político con su eterna irónica serenidad.

Todos los ojos se fijaron en su profusa cabellera y la sonrisa se heló en nuestros labios.

—Precisamente –continuó él, tendiendo la mano hacia la derecha del camino– allí donde ustedes ven las ruinas de aquel rancho, fusilaron á dos valientes servidores de la patria: Pereda y Boedo[8].

¿Cuál era su crimen?

¡Ser federales, defensores del mismo gobierno que hoy, los unitarios triunfantes, sostienen y aceptan! Habría de reír de esta imbécil inconsecuencia si no tuviera presente aquella escena que presencié niño, cuando Boedo, uno de dos héroes de Ituzaingó, en aquel tiempo joven bellísimo, y que, herido en esa batalla por una bala, que le llevó la mandíbula inferior reemplazada por un aparato de goma elástica oculto entre su larga y abundante barba, llegado al momento supremo, así, de una manera imprevista, sin previo juicio, en un paraje desierto y rodeado de enemigos, en un arranque de indignación:

—¡Patria! –exclamó– así dejas acabar al que empleó su vida en servirte, y que por ti perdió en una hora cuanto hace dulce la vida: ¿belleza, juventud, amor?

Y así diciendo, arrancó el aparato que ocultaba la mutilación de su rostro, quedando con la lengua caída sobre el pecho, desfigurado, horrible.

En ese momento sonó una descarga y él y su compañero cayeron, quedando luego sus cadáveres ensangrentados, solos, abandonados por sus victimarios en el lugar del suplicio.

Nosotros escuchábamos aterrados el terrible relato que todos conocíamos, pero que en la boca de aquel hombre, de aquel testigo ocular de tan extraña serenidad, tenía algo de más lúgubre todavía.

---

7   *Sebilares*: (vulg.) zabilares, plantaciones de zábilas o zábidas, *Aloe Vera* o *Africans*
8   *Pereda y Boedo*: se refiere a Mariano F. Boedo y su primo hermano Marceliano Pereda Boedo, coroneles ambos y fusilados por el general Juan Galo Lavalle el 31 de julio de 1841

—¡Qué horror! –exclamé en medio al silencio que la sangrienta historia produjo en la galera.

—Pues señora –dijo el narrador– en aquel entonces, todo eso era nada más que hechos diarios. Poco después, muy poco después, aquel que ordenó esa doble ejecución, traicionado por uno de los suyos, cayó en manos de los federales; y... ¡qué casualidad! precisamente en este mismo paraje que atravesamos, allí, bajo ese quebracho que ahora se divisa caído, él y seis de sus compañeros fueron degollados en presencia de Oribe, que se divertía con los refinamientos de crueldad empleados por el degollador, mandado venir expresamente para esto de Chilcas, donde todavía se ve en pie el rancho en que vivía, y donde murió paralítico, secos los brazos desde las uñas hasta el hombro...

—¡Calle usted por Dios, señor! –dije á aquel bárbaro, que no llevaba miras de acabar su leyenda de horrores.

—Señora –repuso él, con la misma siniestra calma– eso no es nada para lo que resta en la epopeya de veinte años á que pertenecen estos sucesos. ¿Ve usted bajo el monte, á los dos lados del camino, esa infinidad de cruces enmohecidos por el tiempo? Son otras tantas degollaciones y fusilamientos ejecutados por federales y unitarios, en masa y diariamente, en esas dos décadas que se han llevado más gente de entre nosotros, así, de tres en tres y de cuatro en cuatro, que todas las batallas de la *Independencia*...

No detallaré más, pues que á la señora le mortifica...

Y de veras lo siento, porque cabalmente estamos pasando delante del sitio en que mataron á Felipe Santiago, el Decidor. Aquella cruz con guirnaldas de flores secas señala su sepultura. Señora, sería un delito no referir á ustedes quién fue Felipe Santiago y por qué lo llamaron el Decidor.

—Dígalo usted pues –concedí yo, inclinándome con resignación.

—Felipe Santiago era un mulato; pero su color oscuro y lo retorcido de sus cabellos, nada importaba para que las mujeres se desvivieran por él á causa de su apostura, de la gracia con que hablaba, cantaba, payaba; y sobre todo, por la propiedad asombrosa con que remedaba á todo el mundo: al militar, al fraile, al tribuno, al predicador, á la beata, á la coqueta, á la ingenua, al elegante, al enamorado, á todos.

Así, desde Salta hasta Tucumán, en los pueblos, en las Estancias, desde la *Sala* hasta el último rancho, donde Felipe Santiago se apeaba, todo se volvía fiesta.

Y era valiente, tanto como gracioso: nadie se jugaba con él; pues, aunque nunca llevaba consigo arma alguna, era fuerte y tenía un puño de hierro que más de una vez empleó, no en querella propia, sino defendiendo al débil contra el fuerte.

No pertenecía á bandos políticos. Era partidario de los buenos.

Sospechado de corresponderse con los unitarios, lo sorprendieron dormido; y atado de pies y manos, entre cuatro soldados y un oficial, llevábanlo á Metán.

Del *Bordo* más allá, el caballo del prisionero se cansó; y como rehusara éste seguir el camino en ancas, el oficial lo hizo lancear.

Yo pasaba por ahí á esa hora, llevado por los míos á Salta, acabadas las vacaciones del Colegio.

Mis conductores se detuvieron y presencié el espectáculo...

¿Alguno de ustedes ha visto un lanceamiento?

—Aunque no lo hubiéramos visto: basta, amigo –interrumpiolo el joven Centeno, mi acompañante –¿No ve que está atormentando á la señora?

—Cierto: olvidaba... Pero, si son cosas naturales en la guerra..., en la guerra civil, sobre todo.

Felizmente llegábamos al Río de las Piedras, que me pareció un paraíso, tras el río de sangre en que nos traía envueltos aquel lúgubre narrador

– IX –

El Río de las Piedras, es en verdad, un paraje bellísimo, cubierto de huertos y alegres caseríos.

El río que le da su nombre, tan temible en sus crecientes, corre apacible, cristalino y bullicioso entre dos verdes orillas.

Mientras preparaban nuestro almuerzo en la Posta, mis compañeros fueron á pasear en los alrededores; y yo, sentada en el tronco de un tala derribado, contemplaba, buscándolos en el recuerdo, aquellos sitios conocidos en otro tiempo, ahora del todo cambiados.

El progreso, invadiéndolos, habíalos grandemente embellecido.

La casa solariega de doña Nicolasa Boedo, aquella matrona tan santa, y como hija, esposa y madre, tan desventurada; la casa vetusta como yo la conociera, estaba todavía como antes, con sus galerías de gruesos pilares cuadrados y sus techos de tejas rojas; pero otro dueño moraba en ella: sus antiguos habitantes habían desaparecido...

El regreso de mis compañeros y su alegre charla cambiaron el curso de mis pensamientos.

¡Qué hermosa mañana!

Raudales de aves volaban cantando sobre los naranjales cubiertos de azahares y dorados frutos.

Delante del *palenque*, bajo la sombra de un grande algarrobo, la sirvienta de la Posta ordeñaba á una vaca negra, la leche de nuestro almuerzo, y cerca de allí, sentada en la raíz saliente del árbol, á la vera de la acequia que salía de un huerto vecino, riendo y parlando con desparpajo llamativo, una mulatita graciosa y pizpireta, lavaba en una ancha batea de madera un montón de ropa blanca.

El conductor de la galera, todo un buen mozo, gaucho hasta las uñas, graciosamente enchiripado, daba en torno á la lavandera vueltas cada vez más concéntricas, fumando su cigarrillo y guiñándole unos ojos sonrientes y picarones.

Al fin, parándose delante de ella, díjole con toda la tonada fronteriza:

—Patroncita ¿qué está haciendo?

—¡Valiente no maliciar! –respondió la otra, con la suya muy salteña– lavando. ¿Y qué hay con eso?

—¡Lavando! ¡ah! ¡cruel!... ¡y con jabón! ¿A qué no me lava á mi un pañuelito?

—¿No tiene usted abuela?

Sí, por gran casualidad.

—Pues vaya á que se lo lave ella.

—¡No sea mala, patroncita! mire que *aquicito*, no más, está Esteco, *onde* diz que la tierra, se tragó á la gente por su falta de caridad. ¡Vaya! patroncita ¿no es mejor echar pelitos al aire y una copita de caña al coleto?

—¡Caña! ¿Quién toma eso?

—¡Naa! ¿Pues entonces qué le gusta?

—¿A mí? ¡Coñac, ginebra, Champagne!

—¡*Coñaque*! ¡*jiñebra*! ¡*Campaña*!... Una pura fiebre pútrida... ¡Nada, patroncita! No hay como el cañita, que se va derecho al corazón y hace unas gambetitas [9] en la cabeza.

—¡Puf! –dijo ella con desdén...

Pero un rato después la vimos, á pesar de sus melindres, beber á largos tragos una botella de caña que el conductor, sentado en cuclillas á su lado, empinaba alternativamente con ella, irradiando en ambos fruición infinita.

– X –

Un joven amabilísimo, vecino de la población, Marcelino Sierra, vino á invitarme, autorizándose –dijo– con el nombre de su padre, antiguo amigo de mi familia, para almorzar en su casa, riente habitación, cuyas puertas se abren sobre un patio sombreado de naranjos y limoneros.

La esposa de Sierra estaba enferma; pero la madre de ésta y su hermana, me recibieron con cariñosa hospitalidad.

Qué bellos tipos de matrona y de joven.

Mientras almorzábamos, como supiera yo que la esposa de mi huésped era la más bella de las dos hermanas,

---

9 *Gambetita*: diminutivo de gambeta, movimiento de las piernas de un lado al otro, para esquivar el cuerpo

—Lástima grande –dije, mirando hacia el entreabierto dormitorio– lástima grande que no me sea dado contemplar juntas para comprarlas, las dos beldades de esta casa. Mirando á Mercedes, paréceme imposible hermosura superior á la suya.

Rumor en el vecino cuarto; y de repente, envuelta en un blanco peinador y en su esplendente cabellera; pálida, todavía, pero semejante á una visión poética, la linda enferma apareció en la puerta, enviándome una dulce sonrisa. Y adelantando hacia mí con paso flexible y lánguido.

—Vengo á probarle á la Señora –dijo– que no se ha engañado; y que si hay entre nosotras una bella, es mi hermana Mercedes.

—Al contrario, hija mía –dije, besando sus nacaradas mejillas contenta del éxito de mi estratagema– al contrarío, gracias á Dios, falta aquí la manzana que me habría puesto en apuro, sin saber á cual adjudicársela.

—Pues si faltan manzanas, he aquí limones –gritó una voz alegre desde el patio; y el joven Sierra entró trayendo en la mano una gran rama de hojas de un verde brillante, cubierta de hermosas limas de Persia, amarillas, perfumadas, dulcísimas.

Mercedes fue á buscar entre la tupida fronda de su árbol, la naranja más grande que he visto en mi vida.

—Ocultábala, hace una semana –me dijo al presentármela– adivinando el gozo que había de tener al obsequiarla.

—Y yo –añadió la enferma– voy á buscar entre las golosinas de mi dieta, algo que le recuerde á usted mi *insignificancia*.

Y, en las manos un tarro de cristal lleno de riquísima conserva de cuaresmillos[10], volvió luego, la muy hipocritilla, que se declaraba una insignificancia, siendo una beldad exquisita.

Mercedes es una belleza morena de chispeante gracia; pero Jelina tiene la delicadeza exquisita de las rubias. En la familia era llamada –la vicuña[11]– por la dulzura de sus bellos ojos y el dorado color de sus cabellos.

– XI –

Colmada de perfumados dones y en la mente el idilio de aquella hora de hospitalidad, reuníme á mis compañeros, que me aguardaban ocupando ya sus asientos en la galera pronta á partir.

Apoderáronse de mi ramo de limas y las devoraron con la sed de aquella hora meridiana.

Yo les abandoné todo, hasta el tarro de cuaresmillos de mi linda rubia. En cuanto á la naranja colosal que la morena Mercedes con tanta gracia me obsequiara, ocultela cuidadosamente de aquellos voraces: la destinaba á mi ama-

---

10 *Cuaresmillo*: durazno pequeño y tardío, que aparece en época de Cuaresma
11 *Vicuña*: (quechua) rumiante andino, antecesor salvaje de la llama doméstica. *Vicugna vicugna*. Su lana es la más fina y apreciada de todas.

da E... que habitaba en las cercanías del Pasaje.

Al llegar á Chilcas, mostráronme á lo lejos la casa donde había ido á aislarse en el desmoronamiento de su fortuna.

Corrí allá, en tanto que cambiaban mulas á la galera; y desde la distancia á que mi voz pudiera oírse, llamaba á E. á grandes gritos.

Víla salir de la casa y venir á mi encuentro, primero asombrada, sin alcanzar á reconocerme; luego sonriente, con lágrimas en los ojos, los brazos y el corazón abiertos.

¡Ah! yo también lloraba viendo, pobre y relegada á un desierto, aquella que fue rica y feliz en otro tiempo.

Pero ella, animosa y resignada, afrontaba su desgracia, no con estoicismo, sino con plácida serenidad.

Hízome entrar en la derruida casa que habitaba, donde arrojados por el naufragio, veíanse restos del pasado esplendor: aquí una alfombra de Bruselas; allí un jarrón chino; y allá en el fondo de la sala vetusta y cuarteada por el tiempo, un magnífico Steinway abierto y sobre el pupitre, pidiendo una mano de artista, la bella rapsodia de Liszt. E. me dio la bienvenida, ejecutándola con gesto exquisito.

Aquellos sublimes acordes en ese caserón ruinoso, en medio al silencioso y desierto paisaje, producían en el alma una emoción extraña, mezcla de delicia y de pavor.

E. tenía una huéspeda enferma, la señorita Lucinda C., que de paso á las aguas del Rosario, fue atacada de una terrible bronquitis. E. la acogió y cuidó con el esmero de una hermana.

Comenzaba á convalecer; pero el mal había sido tan violento que le extinguió la voz.

Mientras tomábamos, ella una taza de violeta y yo un vaso de cerveza, E. había desaparecido, llevándose mi sombrero, que yo creía era para limpiarle el polvo que lo cubría

De repente la veo llegar, trayéndolo adornado, en vez del crespón negro que lo envolvía, con un sedoso velo blanco sombroso y transparente, mucho más favorable –dijo– para mi cansada vista, que el velo de luto que llevaba.

¡Querida E.! Esa prenda de tu cariñosa hospitalidad es para mí una reliquia sagrada que guardo con amor...

Otra, á la vez que dulce, dolorosa emoción, aguardábame en aquel paraje: La vista de *Pasaje*.

Allí estaba el río de ilustre y querida memoria.

En sus orillas habíanse deslizado los más rientes días de la vida, los días de la infancia... Habría querido estar sola, bajar, prosternarme y besar su amada corriente...

– XII –

—¡Eh! Señores, prepararse al zangoloteo –exclamó un humorista que se nos había reunido en Chilcas,

En ese momento y como evocado por aquel truhán, un enorme corcovo de la galera nos hizo saltar en nuestros asientos.

Y siguieron otros y otros, envolviéndonos una densa polvareda.

Mis compañeros rabiaban; pero á mí, contentísima, parecíanme aquellos barquinazos los arrullos de una nodriza; y al polvo lo sentía perfumado como el humo del incienso.

¡Qué! si hasta los arañazos que al paso nos daban los *churquis*[12], y que á los otros arrancaban maldiciones, á mí me hacían sonreír como una bendita, porque me parecían caricias de los bosques, de aquellos bosques amigos que se recordaban á mi amor.

—Muy valiente es la señora –dijo el chusco con una risita intencional. Y volviéndose hacia el que estaba á su lado –Veremos– añadió á media voz –veremos si lo es también, con el *vinchucal* de Las Palomitas.

Al oír estas palabras, me sentí helar de terror.

¡La vinchuca![13]

¡Oh! El más temible reptil, la ponzoñosa víbora, no me inspiró jamás el horror que ese bicho negro, fétido, de alas costrosas y larga chupadera, vampiro inmundo, que acecha vuestro sueño y en medio á las tinieblas se descuelga de los techos, y cayendo sobre vuestro lecho, se introduce bajo las sábanas, palpa vuestra carne sorbe vuestra sangre y huye cautelosa, dejando en vuestro cuerpo señales de su piso en dolorosas tumefacciones.

Nunca, en mis largos viajes, dormí donde descubriera su huella; y si no me era posible seguir adelante, pasaba la noche sentada al lado de la lámpara, velando el sueño de los otros.

El mismo desvelo en la etapa obligada de *Las Palomitas*, aunque la casa de postas había sido reedificada y su techumbre de reluciente zinc alejara todo recelo de malos huéspedes.

Por dicha mía, cuando acabada la cena, dejé á mis compañeros para entrar en el cuarto destinado á las Señoras, encontré á otra viajera aposentada allí con dos niños.

El estado de estos modificó en gran parte mi gozo al hallar una compañera de vigilia.

Los pobrecitos, atacados ambos de tos convulsa, despertaban á cada momento sofocados y llorosos.

La madre veló como yo, yendo del uno al otro, solícita, y sin permitirse el descanso de sentarse un momento, silenciosa, inquieta y revelando en su semblante honda tristeza.

12 Churqui: *Acacia caven* aromo criollo, tusca o espinillo negro. Arbusto o árbol espinoso, de 2 a 6 m de altura con tronco de hasta 20 cm de diámetro, con espinas de 5 a 30 mm de largo
13 Vinchuca: *Triatoma infestans* chinche gaucha. Insecto hematófago de climas cálidos y hábitos domiciliarios y nocturnos. En 1909 se descubrió que resulta el vector de la enfermedad de Chagas-Mazza

Nada tan natural –pensaba yo– sus hijos sufren una horrible enfermedad.

¡Ah! No era sólo aquello. Después que me separé de ella, supe que algo de más terrible la agobiaba. Esposa de un comerciante quebrado, perseguido y fugitivo, iba errante como él, en busca suya, llevando consigo á sus hijos.

– XIII –

Amaneció, y ya en marcha, vi nacer el sol que había de acompañarme hasta Salta.

De lo alto de las azoteas de la amada ciudad, mis ojos lo verían aquel día ponerse detrás las lomas de Castañares...

Sueño de la mente me parecía la cercana realidad de esta dicha, durante tantos años anhelada.

Desde allí, el paisaje aparecióme poblado con las imágenes del pasado.

Los antiguos dueños de aquellos parajes: los Torino, Astigueta, Quiroz, alzábanse á mi paso y me enviaban la bienvenida á sus dominios con el mudo saludo de los fantasmas.

De repente, alla en el luminoso horizonte, dibujóse una silueta de inolvidable memoria.

¡El San Bernardo!

¡A su pie, en la opuesta vertiente, allí cerca ya, álzase Salta la heroica, la hermosa, la amada!

¿Es cierto? ¿No sueño? ¿No deliro? –preguntábame.

Y, como al comenzar esta deseada peregrinación, estrechaba una contra otra mis manos y palpaba mi frente, no sin gran miedo de despertar.

En una revuelta del camino divisamos detenido un carruaje y un grupo de tres hombres, al parecer en espera. Eran dos jóvenes y un anciano de larga barba y cabellos blancos.

Nunca había visto aquel hombre; pero apenas mis ojos se fijaron en él, aún á la distancia de dos cuadras, el corazón lo reconoció y exclamé llorando:

¡Luis!

Era Luis Güemes, á quien no veía desde que, niño él, y yo muy joven, nos separamos.

Sus compañeros, Martín y Domingo Güemes, sus hijos, gallardos jóvenes, dotados ambos de la belleza viril que distingue á la familia de ese nombre.

—¿Cómo es que vives, *ñaña* mía?

—¿Cómo es que vives *ñaño* mío? –exclamábamos Luis y yo, llamándonos con esa dulce apelación *quechua* que significa hermano– y pensando en nuestros largos años de infortunio.

Y abrazándonos, llorábamos.

Luis mandó á sus hijos al carruaje que había venido á buscar á Centeno.

—Charlen los mozos –les dijo– de las cosas del presente. Nosotros vamos á hablar del viejo tiempo.

Platicando sobre este pasado desvanecido, llegamos al Portezuelo, abra situada entre dos espolones del San Bernardo, de donde se divisa la ciudad.

– XIV –

¡Salta!

¡Qué bella estaba! ¡Qué engrandecida!

Sus calles, doradas per el sol de medio día, extendíanse desde las vertientes del cerro hasta las lomas del Oeste; desde las dilatadas planicies del Campo de la Cruz, hasta las orillas del Arias.

De sus blancas azoteas, de sus verdes huertos, mundos de recuerdos alzábanse como bandadas de aves cantando y gimiendo...

He aquí el puente de San Bernardo.

He allí el convento de Belermitas, hoy monasterio de Capuchinas...

¡Carmela! ¡Genoveva! ¡Que la paz de Dios haya descendido á vuestras almas!

Y apartando el pensamiento de estos dolorosos recuerdos; ¡Salta! ¡Salta! –exclamaba–. Y mis ojos vagaban sobre aquella aglomeración de edificios desconocidos que se asentaban en la área de otros que yo dejara y que ahora reclamaba la memoria.

Allá, por entre las arboledas donde antes se asentaba la feísima iglesia de la Viña, el santuario de la Candelaria, consagrado por las Señoras á esa piadosa advocación, eleva su cúpula afiligranada, donde el piadoso arquitecto Noe Maki, apuró lo exquisito de su genio.

El vetusto convento de San Francisco, casi piedra á piedra renovado, ostentaba dos torres de bella y severa arquitectura.

Una cuadra más allá atravesábamos la plaza de armas, en otro tiempo sitio de revuelta, fusilamientos y fechorías revolucionarias; hoy un ameno jardín, donde los azahares, los jazmines y las rosas, mezclando sus perfumes, embalsaman el aura y llevan al alma anhelos de paz, de concordia y de amor.

¿Y la vieja catedral donde llevábanme á orar en la infancia?... ¡Ah!... ¡hela ahí!... ahora convertida en simple capilla episcopal; y no lejos, en el costado septentrional de la plaza, o más bien, de aquel jardín delicioso, la nueva metropolitana asiéntase sobre el emplazamiento de la antigua Matriz, aquel templo testigo del grande Milagro.

¡Más allá estaba nuestra casa!... hoy... de otro dueño; había sido echada abajo y el lugar que ocupaba hallábase vacío como, en la vida, el de sus antiguos moradores.

Haciendo ángulo á ese sitio de tristes memorias, en el solar donde en mi tiempo obstinábase en durar un vetusto edificio coronado de un balcón que la gente llamaba el Pretorio de Pilatos, un bello teatro con su elegante peristilo da frente á la Escuela Normal, construcción moderna de buen gusto, ocupado por un excelente plantel de educación.

Yo habría querido recorrer á pie y con la devoción de un peregrino, esas calles, y contemplar detenidamente aquellos sitios que fielmente había guardado el recuerdo; pero la velocidad de nuestro carruaje, apenas me daba el tiempo de nombrarlos:

—¡La casa de Graña! ¡la de Costas! ¡la de Otero! ¡la de Zorrilla! ¡la de Gurruchaga! ¡la de Tedín! ¡la de Puch!

¡Las calles de Comercio! ¡la Merced!...

– XV –

El carruaje volvió con rapidez el ángulo de la calle y se detuvo á la mitad de aquella en que habíamos entrado, delante de una casa en cuya puerta nos aguardaba un grupo de bellas jóvenes.

Era la familia de Luis.

¡Qué acogida tan hospitalaria y cariñosa, la suya!

Habríase dicho que eran mis hijas, con tan confiada efusión me abrazaron. Rosaura, Panchita, Camicha, y el esposo de esta, el bello é inteligente joven Aniseto La Lorre, como sus hermanas, lazo de reconciliación entre aquellos que separó une guerra fratricida...

Y la preciosa Julia; y las hermosas hijas de Casiana, mi compañera de la infancia... y esta...

¡Ah! ahí estábamos las dos, ni sombra de nosotras mismas, entre quienes y aquella hora, mediaban tres generaciones allí presentes, llenando en florida secuela el pasado desvanecido y diciéndonos con su alegría:

—¡Adelante!

Al frente, en el extremo del patio sombreado de árboles, perfumado con jazmines y rosales floridos, el comedor, abiertas sus puertas, mostrábanos la mesa servida con el almuerzo que nos aguardaba.

Manjares exquisitos: carne, huevos y legumbres en las más sabrosas confecciones. El jugo de ese asado que sólo allá se hace; el pollo tostado bajo una capa de pan rallado, aceite, vinagre y perejil.

—Siquiera un bocado de esto –decía Rosaura.

—Prueba esto otro –añadió Luis– y sabrás lo que es bueno.

—¡Sí, deliciosa! Cuánto tiempo que no comía con tanto apetito. Pero ¡ah!

¿dónde está mi anhelado *uchutimpu*? [14]
   Risa general.
   Las dos Juanitas, dos vivísimas muchachas que nos servían, desaparecieron corriendo y corriendo volvieron, luego, con una fuente caldosa, humeante, exhalando el rico aroma del culantro y yerba buena que festoneaba sus bordes.
   —¡El *uchutimpu*!
   A esa vista levanté la copa que Luis había llenado y que yo hacía remilgos para gustar, y la bebí de un trago, brindando por aquel antiguo amigo, tan grato al paladar como á la mente, por el sabor y por los recuerdos que evocaba...
   Eran las tres de la tarde y todavía estábamos sentados en interminable sobremesa, rodeados de un círculo que á cada momento crecía y se estrechaba más en torno nuestro: amigos que llegaban, conocidos de otro tiempo.
   —¿Quién soy yo? –preguntábame uno.
   —¿Quién eres tú? Harnerito. Ven á mis brazos, hijo mío.
   —¡Demonio! ¡Ni de los apodos que ponía se ha olvidado!
   —¿Y á mí?... ¡Ah! imposible que me recuerdes, por más que llames á tu memoria.
   —¡Oh! ¡que sí! Eres la reina del Austro; siempre bella, á pesar del tiempo y de la tonelada de grasa que te envuelve.
   Esta falange de bellos ojos, son, de seguro, Saravias.
   —Sí: nietos de tus contemporáneos.
   —Basta verlos. ¿Quién, sino ellos, usa en la cara esos luceros?
   —En cuanto á aquellos, de una legua los reconocería por Figueroas.
   —Esos otros son Arias.
   Y así iba, con gozo y pena á la vez, encontrando en las hijas y los nietos, los rasgos familiares de aquellos que dejé actuando en los caminos de la vida y que ahora ya sólo existían en mi memoria.
   ¡Qué pocos habíamos quedado de ese mundo de otro tiempo!
   Vino á interrumpir estas escenas la llegada de una comisión enviada por la Junta organizadora de una fiesta lírico literaria con que la Juventud Católica inauguraba la semana de ovaciones al tercer centenario de Rosa, la bella limeña Patrona de América.
   Formaban esta comisión tres apuestos jóvenes, que pusieron en mis manos una galante invitación, anunciándome que vendrían á buscarme á la hora indicada...
   Cuando aquella noche entré al teatro, brillantemente iluminado desde su peristilo y lleno de bote en bote de una escogida concurrencia, parecióme hallarme en Colón de Buenos Aires o en el Principal de Lima: tanto, las beldades que ocupaban sus palcos me recordaban á las bellas porteñas y á las encantadoras hijas del Rimac; á estas, sobre todo, por el fulgor andaluz de sus

---

14 *Uchutimpu*: (quechua) de *Uchu*, ají, y *Timpu*, guiso típico del Cuzco a base de carne, papa, camote (batata), moraya (papa amarga fermentada y secada), yuca, zanahoria y lechuga, todo el plato es seco, pero luego se sirve el caldo en recipiente aparte.

ojos y la gracia modesta y exquisita con que llevaban sus galas.

A las bellas Chavarria, Arias, Rincón, Tejada y tantas otras, habían sucedido sus nietas, si no más, igualmente encantadoras.

– XVI –

Alzose el telón, y el festival comenzó.

Seis lindas jóvenes acompañadas de otros tantos caballeros ocuparon el proscenio.

La orquesta rompió el silencio de expectación con el himno nacional que ellas cantaron, alternando en sus estrofas, con dulcísima armonía, realzada por las varoniles notas de sus compañeros en el majestuoso coro:

«Sean eterno los laureles...»

Lágrimas de doloroso enternecimiento subieron del corazón, al recuerdo del tiempo en que, niña, de pie y con devota unción, asida á la mano de mi padre, escuchaba ese canto sagrado, en los días clásicos de la patria...

La señorita Mercedes Orihuela abrió la parte literaria de la fiesta con un precioso estudio sobre la amistad.

Campeaba en sus bellas páginas, á vueltas de la gracia del lenguaje y la fluidez del estilo, una erudición varonil de la que parecían burlarse sus lindos picarescos ojos negros y la riente movilidad de su semblante.

Ella y sus compañeras llenaron la parte musical, cantando las mejores inspiraciones de los maestros modernos con melodiosas voces y gusto exquisito.

Escuché aquella noche, entre esos cantantes, una voz incomparable, un tenor que brillaría en los más grandes teatros entre Massini[15] y Stagno[16]: Federico Lavin.

Recitaron, también, y leyeron bellos trozos en prosa y verso, los señores Gómez, Zorreiguieta, Esquiú y otros, dando á la velada un brillante final el joven Bavio con su dulcísimo violín, que me recordó las notas inolvidables del de Sivori[17], escuchadas allá, en lejano tiempo.

– XVII –

Imposible dormir aquella noche.

Las escenas del largo pasado invadieron mi mente en prolongadas series. Veíame en ellas parte integrante, actuando entre ese mundo de seres desaparecidos.

Cuando sentí la casa en silencio y que todo en ella dormía, me levanté,

---

15 *Massini*: realmente Masini, Angelo (1844-1926) tenor italiano de fama mundial
16 *Stagno*: Roberto (1840-1897) tenor italiano quien con su esposa, la cantante Gemma Bellincioni, realizó exitosas giras por Sudamérica
17 *Sivori*: Ernesto Camillo (1815-1895) violinista italiano discípulo de Niccoló Paganini

abrí la puerta que daba al salón y apoyada en la reja de una ventana, pasé las horas de la noche contemplando el cielo de Salta, resplandeciente de estrellas y aquella fracción de la ciudad, aquella larga calle que de sur á norte la atraviesa, familiar para mí, en otro tiempo, hoy desconocida, con sus casas renovadas y, á esa hora, silenciosas como los mausoleos de un cementerio.

¿Qué había sido de las familias que las habitaron?

¿Alicedo, Martínez, Lecer, Sánchez, Navarro?...

¿Y las beldades que solían asomarse á esos balcones?

Luisa D., Eloísa N., Panchita D., Dolores T.

¡Muertas en la flor de la vida!

¿Y la más bella de todas, aquella incomparable Borja, la de los ojos divinos, la de dientes de nácar entre labios de coral y hechicero lunarcito negro en la blanquísima y sonrosada mejilla?

¡Ay!... ¡Pluguiese al cielo que ella también, que ella, sobre todos hubiese muerto!

¿Por qué?

He de decirlo...

– XVIII –

Una estrella errante, cruzando el espacio, me recordó aquel misterioso *Farol*, el *Ninachiri* de los antiguos habitantes calchaquíes, esa ave flamígera que, de tiempo inmemorial aparecía en las noches de conjunción.

Nadie supo, jamás, de dónde venía ni á dónde iba á ocultarse.

Veíase, sólo, un foco luminoso bajo dos grandes alas negras que surcaban el aire silencioso vuelo al través de la ciudad perdiéndose entre la sombra.

Desde 1830, el ave misteriosa desapareció: nadie vio más, el Farol, cuyo recuerdo pasó á las regiones de la leyenda.

Pero he aquí, que en Enero de 1884, una noche que el calendario señalaba una conjunción, los habitantes del Huaschage, estancia cercana al Rosario de la Frontera, vieron atravesar, volando sobre sus cabezas, un pájaro de grandes alas negras, que llevaba en el pecho un fanal de luz vívida y se perdió á lo lejos, irradiando en la fronda de los bosques, fantástico reflejo.

—¡El Farol! –exclamé, cuando me refirieron aquella aparición.

—Es el carbunclo de la historia natural –arguyó un sabiondo, con acento magistral.

—Nada de eso quiero yo averiguar –repliqué. Es el Farol, el centenario Ninachiri, que durante medio siglo ha incubada su nueva vida y renace de sus cenizas– afirmé, dejando al buen hombre escandalizado.

—Nada hay tan atrevido como la ignorancia –había dicho– cuando yo me hube alejado...

– XIX –

Una aureola nacarada comenzó á alzarse detrás del San Bernardo.
Amanecía.
Parecióme un soplo aquella noche. ¿Cómo había transcurrido? En las regiones del pasado.
Temiendo que las madrugadoras sirvientas salteñas sorprendieran aquella vigilia intempestiva, apresuréme á cerrar la ventana y volver á mi cuarto.
Deshice la cama, tomé la ropa de noche, me bañé y comenzaba á vestirme, cuando las dos Juanitas se presentaron, trayendo en las manos, la una un mate, la otra una taza de leche.
Opté por esta: esa leche, á la que, como á la carne, el terreno salitroso de nuestros campos, da en sus pastos y *colpeo*, grosura y sabor exquisito.
Sabiendo que estaba ya levantada, Panchita vino á reunírseme. Había ya ayudado á vestirse á su madre y servídole el matecito matinal.
Nada he dicho todavía de esta preciosa hija de Luis Güemes.
¡Morenita más linda!
Y un ángel de bondad y abnegación. En la edad del egoísmo juvenil, cuando envanecidas por la lisonja, nos erigimos en ídolos de nuestro propio culto, ella ha hecho el suyo del amor filial.
Si alguien puede compararse á este ideal de virtudes, es su hermana, la angelical Carmencita.
Esposa de un joven bello y distinguido, cuyo amor pudo alejarla de sus padres, ello se les ha unido aún más, dándoles en su marido el más cariñoso de los hijos.
¿Y Luis? ¡Ah! Nunca vi hombre con tanto motivo engreído en su feliz hogar.
Al despertar, encuentra al lado de su cama á sus gallardos hijos Martín y Domingo, que esperan para asistirlo.
Nunca rey en su *lever* tuvo cortesanos tan solícitos.
Y cuando ya vestido, se sienta en su sillón, el uno le presenta el mate; y el otro, en un braserito, el ascua, en que aquel exquisito, fumador, que no puede sufrir el humo del fósforo, enciende su cigarro.
Y, para evitarle toda fatiga, abren su correspondencia; le leen los diarios; discuten con él los hechos de actualidad, le hablan de sus propios asuntos, le exponen sus proyectos y le piden consejos, que para ellos son preceptos.
Qué dulce es, en los postreros días de la vida, cuando el alma se torna tan sombría, sentirse envuelto en esa atmósfera de amor filial, fruición anticipa-

da de la eterna beatitud.

– XX –

En los siguientes días, miríadas de jóvenes, la segunda generación de los contemporáneos que yo dejé, vinieron, trayéndome al recuerdo la historia de sus padres; historia para ellos ignorada, y que, á esa hora, sus nombres despertaban en mi memoria con todos sus trágicos acontecimientos.

Allá, en sombrías lontananzas, aparecíanme las encarnizadas luchas de aquellos dos partidos fratricidas:

Patria nueva y Patria vieja.

Que dividieron tantas glorias y causando tantos desastres.

Patria nueva: agrupación de ilusos y de mal intencionados que, al frente el enemigo, siempre pronto á invadir el suelo patrio, pedían instituciones cuando no era todavía posible dar sino combates.

Patria vieja: falange de héroes, que, sin tregua ni descanso, guerreaban, hacía diez años, contra las poderosas huestes españolas.

Güemes era su jefe; y en sus filas contaban todos los hombres de fuerte brazo y corazón patriota.

Terrible odio separaba á los de la Patria vieja.

Y no era que estos fueran á él indiferentes: sufríanlo porque estaban incesantemente ocupados en rechazar al enemigo nacional, cuyas vanguardias estaban siempre á nuestras puertas.

En tanto, aquellos, todos pertenecientes al elemento civil, retirados y defendidos, meditaban crímenes.

Suscitaron rivalidades contra Güemes en el ánimo del gobernante de Tucumán, acordando, con este una combinación de pérfida estrategia, por la que, en vez de prestar ayuda contra el enemigo común, ocupó en son de guerra la frontera de Salta.

Apenas Güemes, colocado entre dos agresiones, acudió á la más apremiante, la fratricida, los de la *nueva*, levantaban en la ciudad la bandera de la revolución. Depusieron á las autoridades y alzaron en las calles cátedras en que predicaban una propaganda de odio contra dos defensores de la patria.

El pueblo, á su vez, rebelóse contra ellos y los dispersó, amenazando de muerte á sus caudillos, que huyeron y se ocultaron bajo los altares de los templos, donde Güemes, que llegó á ese tiempo, fue á buscarlos con el abrazo del perdón.

Nada pudo aquella cordial benignidad contra un odio basado en pasiones mezquinas y villanas emulaciones; odio, por eso mismo implacable y que llegó hasta la traición.

Y, un día, día de luto para el honor salteño, de la vanguardia realista que, al mando de Olañeta, ocupaba las inmediaciones de Jujuy, destacóse una columna, y marchó llevando á su frente, al lado de *Barbucho*, su jefe, un hombre que encubría su rostro con el ala del sombrero.

Mirando en torno con ademán receloso, condujo el paso de la falange, por un sendero extraviado, en los bosques que cubren las orillas del río *Grande*...

Una noche, mientras todo dormía en torno y las estrellas centelleaban en el cielo, las sombras de los héroes que defendiendo la patria murieron victoriosos en el Campo de la Cruz, pudieron ver, con el rubor de la indignación en las pálidas frentes, á un hijo de Salta la leal, la patriota, guiando hacia ella una falange realista, introducirla furtivamente en su sagrado recinto...

Al amanecer de esa nefanda noche, un hombre, jinete en un caballo negro, espada en mano y dejando en pos un reguero de sangre, llegaba al campamento de los patriotas, caía en brazos de los suyos, y moría.

Era su jefe, era Güemes, que atraído á una emboscada por un aviso pérfido, encontróse, de repente, cercado de enemigos, de quienes, merced á su arrojo, se libró combatiendo, pero... herido de muerte.

Mas, ni la sangre del héroe, objeto principal de su odio, porque lo era de su envidia, fue bastante á aplacar la saña de los de la Patria nueva contra los de la Patria vieja.

Al contrario, los dos bandos, el uno deudor, el otro vengador, alzaron banderas, más que nunca enemigos, sin que la prudencia de sus caudillos, los Zorrilla, los Solá, los Zuviría, los Gorriti, los Puch y los With, pudieran atenuar la maléfica influencia de ese odio, que se prolongó, sobreviviendo á los nombres de Patria nueva y Patria vieja, encarnado en todas las agrupaciones sociales, vivo, tenaz.

Y sus víctimas, el joven y bello Benjamín Güemes, Eustoquio Moldes, Morales, Olivera, aparecíanseme en el recuerdo y pasaban, pálidas y ensangrentadas...

– XXI –

Dulces risas en torno mío, rompieron la sombría remembranza.

Eran las nietas de esos terribles contendientes: un plantel de lindas jóvenes, de apuestos caballeros de semblante franco y leal; esposos y novios que cambiaban tiernas miradas y palabras de amor.

Sus padres, en una santa concordia, habían olvidado aquel funesto pasado que ellos ignoraban, quizá, en tanto que yo, hasta esa hora lo recordaba con culpable rencor.

¡Ah! ¡cuántas sublimes virtudes guardan, todavía, los hijos de aquel amado suelo!

Yo los contemplaba con admiración, avergonzada de encontrarme tan inferior en el nivel moral; reconociendo con profunda pena que el caudal de bondad que de allí llevé conmigo, habíalo ido dejando, como su vellón los corderos, en las zarzas del camino, á través de esos grandes centros de civilización, de descreimiento y de egoísmo.

Humillada y poseída de una devota unción, elevé el corazón á Dios y le di gracias por haberme permitido ir á ungir mi alma con esos santos ejemplos.

– XXII –

¡Qué serie de lejanas memorias en el ambiente saturado del aroma de los jazmines y mosquetas que descolgaban sus floridos ramos desde lo alto de los balcones, sobre esas calles de edificios renovados, pero cuyo pavimento conserva , todavía, las mismas losas que hollaron mis pies de niña!

Aquí, entre la casa que fue de los Ojeda, y la de Santillán, ahora habitada por otros dueños, abría su grande puerta la escuela de Velazco.

Dos graciosas construcciones, ligeras y confortables, han reemplazado el viejo caserón de Alberro, en aquel tiempo alquilado por el gobierno para el plantel de enseñanza, fundado por aquel distinguido profesor, á quien como á todos los emigrados del Alto Perú, mi padre, entonces gobernador de Salta hacía dar raciones y alojamiento.

Allí, en un salón vetusto, mientras el Doctor Velazco daba lecciones de griego y latín á un grupo de jóvenes, su esposa, rodeada del mundo minúsculo, nos enseñaba lectura, escritura y doctrina cristiana, cuidando, además, de dar á nuestros modales la distinción que ella en alto grado poseía.

Y cuando, llegada la hora del recreo, nos enviaba á jugar en el patio y se quedaba sola, rezaba y lloraba sobre las cabezas de sus hijos, como después vi llorar á mi madre sobre nosotros, cuando vinieron, para ella, también, los días del destierro.

– XXIII –

En frente á la Escuela, en su casa solariega, vivía todavía en mi tiempo doña Manuela Castellanos, hermana de mi bisabuelo; abolenga, ella misma, del mundo de Arias y Castellanos que pueblan Salta.

Dama acaudalada en oro y virtudes, poseíala un vicio, un horrible pecado: el juego.

Ni los ruegos de los hijos, ni las amonestaciones del confesor, nada podía apartarla de esa terrible pasión.

En aquella época de grandes negocios entre los ricos *muleteros*[18] del Perú y los hacendados invernadores de la provincia, corría en Salta como agua el dinero, y se jugaba mucho y fuerte.

No pocos salones aristocráticos, en medio de sus fiestas, daban pase al *tapete verde*, que se instalaba con ellos, atrayendo en torno suyo multitud de interesados, ansiosos, trémulos de emoción, y olvidados del valse y del *minuet*.

Doña Manuela Castellanos era siempre de esas partidas.

Jugadora audaz, no retrocedía ante los *ases* y los *doses*.

Al contrario, enardecíanla más los reveses; y sucedíale una y otra vez, perdida hasta la última onza de las que llevara al juego rellenos los bolsillos y saco, volver á su casa, una y otra vez también, y llenarlos de nuevo.

Este desarreglo económico cesó cuando los hijos de doña Manuela Castellanos, llegados á la edad de la barba, interpusieron la autoridad filial entre su señora madre y la mesa de juego.

– XXIV –

Martita, última hija de la señora Castellanos, era una solteroncita de cuarenta años, si no bella, graciosa, elegante y sentimental.

Amiga de la señora Velazco, reprendíala sus tristezas, achacábalas á cobardía; y la exhortaba al olvido y á la distracción.

—Si estás lejos de tu país, te hallas al lado de tu esposo –oí que le dijo un día– ¿qué importa la patria natal, si se vive en esa patria del alma: un corazón que nos ama?

—¿Y por qué tú has desdeñado hasta ahora esa venturosa morada? –replicó sonriendo la señora Velazco.

Martita palideció.

—¡Ah! –dijo con voz apagada– ¡pluguiera á Dios que hubiera muerto el día que de ella, la más negra de las traiciones me arrojara!

Aquella repentina explosión asustó á la señora Velazco, que abrazando á su amiga:

— Perdóname –le decía– perdona querida mía, el haber tocado una herida que tu serena alegría hacía imposible adivinar. En nombre del afecto que nos une, ¡habla! ¡confía á tu amiga el dolor que vive latente en tu radiosa existencia!

Martita dio con disimulo una mirada en torno.

La maestra comprendió,

---

18 *Muletero*: mulatero, quien tiene por oficio alquilar o cuidar mulas

Y dando un elogio á la estudiosa contracción con que para escuchar habíame quedado inclinada sobre mi libro, me mandó á recreación.

¡Cuánto se engaña quien cree engañar á los niños!

Así yo, fingí obedecer; pero di luego media vuelta y volví furtivamente por otro lado, en la esperanza de *recrearme* con el relato de Martita.

¡Solemne chasco! Habían cerrado el salón de clases; y cuando pasada la recreación, lo abrieron la señora de Velazco estaba meditabunda; pero Martita había recobrado su plácida serenidad.

Y yo quedéme con el curioso anhelo de conocer la historia de esa traición *negra*, (alguna horrible africana que arrojara á Martita del paraíso que moraba su alma).

Desde entonces, mi atención se fijó en Martita.

Apartando los ojos del libro, fijábalos en ella, y más de una vez vi sombras cruzar fugaces su frente y oscurecer la límpida luz de sus pupilas.

¿Qué sería ello?

Un día lo consulté á la *Larguncha*.

Era esta una joven costurera que venía dos veces por semana á repasar la ropa de la casa y á quien los niños hacíamos quedar días enteros ocupada en contarnos cuentos.

Estos relatos eran pagados á peseta por oyente, y no nos quejábamos, porque nada tan sabroso y fantástico, desde el exordio hasta el epílogo, como los cuentos de la Larguncha.

Era, además, la crónica de Salta: todo lo sabía; desde que pusieron la primera piedra de sus cimientos, hasta la hora presente: origen de las familias, su historia, con los sucesos más ocultos habidos en el seno de estas: todo.

Este largo y profundo estudio social, debíalo Larguncha, no sólo á las propias observaciones, cosechadas en medio del ejercicio de su humilde labor, sino á las de su madre y su abuela como ella, y desde su juventud, costureras á domicilio.

Sentada en medio al círculo infantil que, con la boca abierta la escuchaba; sobre las rodillas la costura, y los dedos y el aguja en vertiginoso movimiento, Larguncha nos refería las maravillosas leyendas de Blanca Flor; de la Sirena del Bermejo, de la subterránea Salamanca.

Y descendiendo de lo fantástico á lo real narraba con largos comentarios salpicados de sal ática[19], la historia antigua de las familias de Salta; relatos, ora cómicos, ora sombríos, como por ejemplo, el cruel despotismo doméstico del acaudalado Costas, que había hecho de su casa una cartuja, donde vestidas de sayal, guardaba á su esposa y á sus hijas en incomunicación y encierro absolutos; encierro é incomunicación que ellas rompían durante la siesta del ogro, escabulléndose por una puerta abierta secretamente entre la fronda, al fondo del huerto, que les daba paso á la casa de las señoras Pucheta, piadosas protectoras de aquellas escapadas.

19 *Sal ática*: gracia (salero) aristocrática (ateniense)

Allí las reclusas tenían guardarropa con los vestidos y galas mujeriles, que se apresuraban gozosas á echar sobre sus cuerpos ávidos de adornos, para ir á ver á sus parientes, aspirar el aire de las calles, visitar las tiendas, comprar dijes, charlar, reír, vivir de la vida de los demás, durante dos o tres horas, y volver á encerrarse en su purgatorio, como almas en pena, hasta que una apoplejía fulminante llevó, un día, al *hoyo*, á aquel tirano –concluyó Larguncha, cortando con los dientes de su costura en la última puntada...

– XXV –

Así, desde que le hube repetido la lúgubre frase de Martita:
—¡Oh! ¡sí! –exclamó Larguncha, con un arranque de indignación– fue en verdad la traición, la más negra de las traiciones, ¡infame Felipe García!
Martita lo amó desde el primer momento, con una pasión fanática que él también parecía participar.
Era ese pícaro un bello capitán del ejército que una equivocada maniobra derrotó en Vilcapugio.
Verse, amarse y cambiar promesas, todo esto tuvo lugar y se acentuó en los cortos días de paso al Perú, en busca del ejército realista, llevando en perspectiva batallas y diarios combates.
Martita quedose llorosa, el alma dividida entre el dolor y la esperanza.
A medida que el tiempo pasaba, esta pena hacíase más acerba, mezclándose á ella supersticiosos terrores, que Martita procuraba, aunque en vano, combatir con plegarias.
Los matices de la aurora, los rojos celajes[20] de la tarde, el silencio de la noche, los tumultuosos ruidos del día, en todo esto Martita veía siniestros augurios.
Con frecuencia, presa de dolorosos ensueños, despertaba pálida, bañada la frente de sudor frío, palpando anhelante el anillo de alianza, que soñaba había desaparecido de su dedo, arrancado por un fantasma, que al desvanecerse en la sombra, se volvía para mirarla, mostrándole las facciones de García.
—¿Ha muerto? –preguntábase Martita con angustia– ¿Va á morir? ¿Qué me dicen estos presagios?
Agitada por tales terrores, Martita hizo un Cristo: ofreció el Cristo venerado en el santuario de Sumalao, ir de rodillas las nueve leguas que median entre Salta y ese lugar de oración, para hacer en él una devota novena, si su amado volvía sano y salvo de aquella terrible campaña.
Y aguardaba, entre el temor y la esperanza.
Y en pos á los anuncios de próximas batallas, siguieron largos días de ansiosa expectación, de silencio siniestro; y zumbando en el aire, esos rumores

---

20 *Celaje*: aspecto que presenta el cielo surcado de nubes de varios matices.

misteriosos, nuncios de las catástrofes.

Una noche, en fin, un correo, cansado el caballo, y él mismo, falto de aliento llegaba de Potosí, trayendo la noticia de la desastrosa derrota en que el inoportuno eco de un clarín, cambió la acción vencedora de nuestro ejército, en los campos de Vilcapugio.[21]

—¡Felipe! ¡Felipe! –clamaba Martita, en demanda de su novio, á los dispersos de Hallohuma[22], que, uno á uno llegaban, los restos del deshecho ejército.

—Murió en Vilcapugio –respondíanle. Todos lo habían visto caer en la funesta jornada.

Martita, postrada por el dolor, caída en tierra, invocaba á la muerte, llorando con llanto desesperado.

Pasados los primeros momentos de dolorosa exacerbación, la desolada novia cortó su hermosa cabellera, vistió luto, en tanto que cambiara los negros tules de la viuda, por el velo blanco de religiosa, en las Carmelitas de Córdoba.

– XXVI –

Tres meses habían pasado sobre aquellos desastres.

El ejército destruido, rehacíase y revivía de entre sus ruinas.

¡Ah! no así el alma de Martita, extinguida toda esperanza, había muerto cuanto hace dulce la existencia.

Su elegante dormitorio, perfumado, tapizado de blondas[23], y cuya ventana adornaban jazmines y claveles, habíase trasformado en una capilla ardiente, alumbrada por cirios funerales.

Allí Martita, aislada y sola, preparábase á dejar patria, hogar y familia, para ir á encerrarse en un convento.

– XXVII –

Una noche que, postrada en tierra y la frente entre las manos, oraba con el pensamiento en la eternidad, Martita sintió el paso de un jinete detenerse bajo su ventana, y en los postigos cerrados llamar con tres golpes, golpes conocidos, inolvidables, en otro tiempo con anhelo aguardados.

Martita se estremeció.

Quiso alzarse, correr á la ventana; pero sus miembros se habían paralizado y la sangre heládose en sus venas.

Dos, tres golpes se repitieron, y una voz que resonó en el corazón de Mar-

---

21 *Vilcapugio*: batalla librada el 1º de octubre de 1813 entre el Ejército del Norte al mando del general Manuel Belgrano y las tropas realistas
22 *Hallohuma*: Ayohuma, batalla donde el Ejército del Norte al mando del general Manuel Belgrano sufre la segunda derrota, el 14 de noviembre de 1813, ante las tropas realistas
23 *Blondas*: encajes de seda

tita como un eco del cielo, pronunció su nombre.

Martita exhaló un grito y cayó sin sentido.

Gozosas exclamaciones la volvieron en sí...

Su familia la rodeaba y Felipe estaba á sus pies.

La enamorada joven no podía creer á sus ojos.

Aquella dicha parecíale un sueño: palpaba los cabellos de su novio, su frente, su pecho, buscando los latidos del corazón, porque no podía persuadirse que estaba vivo.

Y cuando la hubo referido Felipe cómo habiendo quedado moribundo en el campo de batalla, un indio compasivo, lo arrancó de entre las garras de los buitres, que habían ya caído sobre él, y lo llevó á su choza, donde curó sus heridas y le dio vida y salud con una yerba maravillosa, secreto de los indígenas:

—¡Un milagro! –exclamó Martita.

Y cayendo de rodillas, dio gracias al venerado Cristo de Sumalao, y le prometió mentalmente cumplir sin demora su veto.

– XXVIII –

Qué radiosos corrían los días para Martita, entre la felicidad presente y la proximidad de otra más grande, todavía.

—Así serán los gozos del cielo –pensaba la enamorada joven, aprontando sus galas de novia.

Para colmo de dicha, la bella Irene Laas, su compañera de infancia y la más querida de sus amigas, llegó de la Frontera, donde vivía con su familia, expresamente –dijo ella– para prender el velo de desposada, colocar, con gracia, sobre su frente la corona de azahares, y escoltarla, camino del altar.

Gritos de júbilo, besos y abrazos, que Felipe suplicó participar, favor que le fue concedido por la intención de Martita, y otorgado con gracia encantadora por su complaciente amiga que desde esa hora, dando entera confianza al novio de aquella, sonreíale y le tendía los brazos.

Con todo esto, Martita estaba en la gloria. Amar á Felipe o á Irene ¿no era amarla á ella?

Así, cuando le sucedía encontrar á estos juntos, lado á lado y hablando quedo: –de mí se ocupan –pensaba– de seguro conciertan alguna dulce sorpresa á mi felicidad.

Y era esta tan grande, que Martita comenzó á sentir un miedo supersticioso y recordó su voto y la nueva promesa que hiciera de inmediato cumplimiento.

Para substraerse á la oposición de los suyos, Martita había ocultado la naturaleza de su voto, que sólo confió al anciano cura de Sumalao, quien después de haberlo combatido, llamándolo temerario, hubo de admitirlo y darle su bendición.

A él se dirigió Martita, pidiéndole el auxilio y el secreto necesario á su ejecución.

El viejo cura dirigió el asunto con diplomática discreción.

Por una carta dirigida á la señora Castellanos, pedíale recordar á su hija el voto que, en demanda de un milagro, hizo ante la veneranda imagen del Crucificado que se adora en Sumalao

Y concluía exhortando á la señora, pues el milagro se había verificado, á mandar cumplir el voto.

La señora Castellanos, que era muy timorata de Dios, y creía, además, que sólo se trataba de una novena, ordenó que se aprontase un carruaje, flores, docenas de cirios y otros exvotos para ofrendas al Santuario, y Martita diciendo adiós por nueve días á Felipe y á Irene, que la acompañaron hasta el río de Arias, partió conducida por su hermano Alejo, quien, dejándola al lado del cura en la casa parroquial de Sumalao, regresó á Salta el mismo día.

Pocas horas después, Martita, escoltada por el viejo sacristán del Santuario y dos indias calchaquíes, fuertes andadores á pie, regresó hasta la misma playa de Arias, donde, vistiendo tosco sayal, el rostro cubierto con un tupido velo negro, cayendo de rodillas, emprendió la penosa peregrinación, seguida y vigilada, á lo lejos, por el sacristán y las indias calchaquíes.

Durante muchos días los habitantes de las estancias y ranchos de la comarca vieron con temeroso asombro aquella extraña penitente, cruzando los caminos de rodillas y dejando en pos una huella de sangre.

De unos á otros, la historia de aquella aparición se difundió en los pueblos vecinos, y llegó á Sumalao, llenando de inquietud el alma del cura, que se arrepintió de haber dejado cumplir el imprudente voto.

Un día, el viejo sacristán y las indias calchaquíes llegaban al Santuario trayendo á Martita acostada en una cama de ramas.

En mitad del camino, sus rodillas desgarradas, no pudieron ya sostenerla.

Y así rezó los nueve días de su novena y así regreso á Salta: postrada, inmóvil, pero radiante de contento, en el labio los nombres de Felipe y de Irene...

Pero Irene y Felipe se habían ausentado; ausentado sin prevenirle: ella llamada por su familia á la Frontera; él con los restos del ejército, en retirada á Tucumán.

¡Qué dolorosa sorpresa! Martita no podía creerlo ¡Cómo!... ¡partir sin un adiós, sin una explicación de esa extraña conducta!

¿Habríanse ofendido por su misteriosa tardanza? Quizá.

—Pero cuando sepan el motivo que me retenía lejos de ellos... ¡Ah! entonces –decía– habrán de amarme más, todavía.

Y Martita, confiada en el amor y la amistad, reclinábase en aquella esperanza, que creció en su alma, y le devolvió la serenidad.

Bien la necesitaba para las eternas horas de inmovilidad en que la dolencia física retenía su cuerpo.

Martita las pasaba escribiendo á Felipe y á Irene cartas en las que derramaba su alma.

¡Silencio! ¡Ninguna respuesta! ¿Qué era aquello?

—Interceptan nuestra correspondencia –decíase Martita, firme en su fe ciega y confiada.

– XXIX –

Entre tanto, la salud volvía desterrando insomnios de la almohada de Martita, y trayendo á sus miembros fuerza y flexibilidad.

Pero cuando la plena convalecencia llegaba, con su cortejo de dulces emociones y de ideales ensueños, llegó también la noticia de que en el Rosario de la Frontera, de paso á Tucumán, en la iglesia parroquial, con grande pompa, y en presencia de los jefes del ejército, el Capitán Felipe García y la bella Irene Laas, habíanse unido en matrimonio.

Sin exhalar un ¡ay! Martita cayó como muerta en el sitio donde recibió la terrible nueva.

Los esfuerzos de la ciencia y los tiernos cuidados de los suyos, lograron volverla á la vida. Pero durante mucho tiempo, Martita no pudo darse cuenta de lo que por ella había pasado...

Cuando, en fin, la luz se hizo en su mente, vio á su cabecera un pliego cuidadosamente sellado y á ella dirigido.

Roto el sello y abierto el pliego, Martita encontró, dentro de una hoja de papel vacía y muda, un anillo... ¡el anillo de alianza que cambió con Felipe!

A su vista, ante esa prenda que le representaba la doble infamia de que había sido víctima, Martita sintió, al impulso de una profunda indignación, morir en su alma, dolor, amor... ¡todo!....

Alzóse, erguida, fuerte; y sobre las ruines del pasado muerto, esparció una serenidad que se reflejó en su semblante y devolvió á su labio la sonrisa, defraudando á sus amigas, cordiales enemigas, en la grata esperanza de contemplar su duelo...

Larguncha daba siempre fin á sus relatos con una mirada á si misma: –Gracias al cielo –dijo entonces– el trabajo incesante y fatigoso, la preservaba á ella de esas borrascas en que naufraga el alma.

– XXX –

En busca de una amiga de infancia, la bella Mercedes L., religiosa en las Carmelitas de San Bernardo, fui un día á este monasterio.

Allí, huyendo de los cruentos rigores de una madre por demás severa, Mercedes había ido á sepultar su belleza y sus juveniles ilusiones.

Allí, vosotras, también, Carmela, Genoveva, llorabais, todavía, quizá, una un amor desdeñado; otra un imposible...

Este convento perteneció en otro tiempo á los frailes Belermitas.

Yo conocí, siendo muy niña, al último de ellos, personaje de arrogante apostura: alto, esbelto, de larga barba blanca; armado de su inseparable estuche de cirujano, recorriendo á toda hora las calles, en demanda de enfermos pobres á quienes curar. ¡Un santo!

Vivía como la yedra, apegado á los muros de su convento, transformado en cuartel, y él mismo, el hombre de la ciencia de la meditación y de la plegaria, era parte integrante de aquella agrupación de hombres, groseros unos, descreídos otros, y todos consagrados á matar y destruir.

Un día, en ese cuartel, mi padre, colocado en una situación difícil, dio una prueba relevante de la rara energía de su carácter.

Acuartelábase en San Bernardo el escuadrón Granaderos de Colombia, de funesta recordación.

Fragmento de aquel ejército que, desde las sábanas de Venezuela y las vertientes del Pichincha, á través de una larga guerra á muerte, entre victorias y derrotas, llegó vencedor á las planicies de Potosí, traía consigo los vicios y delitos contraídos en aquel guerrear continuo, y devastador.

Al mando del Capitán Domingo Matute, desertó su bandera, y en marchas forzadas, ejerciendo toda suerte de violencias á su paso por Bolivia, refugióse en la República Argentina.

El General Arenales, Gobernador de Salta, lo recibió bien; dio cuenta al Gobierno Supremo de la presencia de esta fuerza en el territorio de la república, ordenando previamente su internación al interior.

Acaeció esto en momentos que la frontera se sublevaba contra el gobierno de Arenales, y el General Pache Gorriti y el coronel Manuel Puch, sus caudillos, al mando de una división, marchaban sobre Salta.

Matute con su escuadrón, encontróla en el Pasaje.

Habló con ellos; y cuando hubo sabido sus intenciones, aquel llanero, soldado de baja extracción, falta de sentido moral, y hambriento de combates, ofrecióles su ayuda contra el gobierno que lo había amparado.

Los revolucionarios hallábanse escasos de armas y de soldados veteranos.

La división que conducían, componíase de multitudes.

Sabían que una fuerza de línea venía contra ellos; y que todo auxilio les era de vital necesidad.

Admitieron por tanto el que se les ofrecía; y Pache Gorriti, y Manuel Puch, ambos la lealtad y el honor personificados, recibieron en las filas de sus honrados gauchos, á aquel insigne pícaro.

¡Aberraciones inherentes á la guerra civil!

– XXXI –

¡Triunfaron!

Así, la guarnición que defendía las trincheras de la ciudad, como el cuerpo de línea que, al mando del Coronel Bedoya les salió al paso en Chicoana, todo cedió al formidable empuje de la hueste formada con los guerrilleros de Güemes y los soldados de Bolívar.

Derrocado Arenales, nombróse un gobierno provisorio, y se convocó á las Cámaras para una nueva elección.

Las tropas fronterizas pidieron ser licenciados, y volvieron á sus hogares, quedando los colombianos de guarnición en la ciudad.

Pero no tardaron, el gobierno y los jefes de la revolución, en arrepentirse de esta imprudente confianza.

Aquellos soldados, acostumbrados al vandalismo de la guerra á muerte que durante largos años sostuvieron contra los realistas, ellos y su jefe entregáronse a toda suerte de desórdenes. Violaban los domicilios, amenazaban á los ciudadanos, insultaban á las señoras, se embriagaban, reñían y apuñaleaban en las calles.

La ciudad estaba aterrada.

El Gobernador, hombre honorable pero escaso de fibra, declarábase incapaz de medida alguna para reprimir la audacia de aquellos forajidos.

Pero había un hombre al que Salta acudía en esas situaciones extremas, un hombre de alto consejo, de prontas resoluciones y enérgica ejecución y cuya influencia tutelar nunca invocaba en vano.

Este hombre era el general José Ignacio Gorriti, su Diputado en el primer Congreso sudamericano, el vencedor de Río Chico; de quien Pache Gorriti era hermano.

Concluida la guerra sagrada, retirado en el campo, era la paz del hogar y las dulzuras de la familia, ocupábase en restaurar su fortuna, que disminuyó grandemente, prodigando auxilios continuos en dinero y hacienda, á los ejércitos de la Patria.

Una Comisión de la Cámara Provincial fue á buscarlo en su retiro, y conjurándolo en nombre de sus conciudadanos, amenazados en vidas é intereses, decidieron á aquel hombre incansable en el servicio de su país, á ir, abandonándolo todo, á hacerse cargo, otra vez, de aquel gobierno, entonces asentado sobre un volcán.

– XXXII –

Asumido el mando: Gorriti convocó la Guardia Nacional, encargándole la guarnición de la ciudad.

Llamó á Matute, y éste, que no admitía órdenes de nadie, hubo de obedecer, y acudió.

Gorriti, después de reprocharle los desmanes de sus soldados, ordenole mantenerlos en riguroso encuartelamiento.

Matute protestó, y alzando la voz con insolencia, osó proferir amenazas.

Con perfecta sangre fría, y con su voz grave y poderosa, Gorriti llamó:

—¡Sargento de guardia!

Un arrogante nacional presentóse, haciendo el saludo militar.

—Un centinela de vista al coronel Matute –ordenó.

Y tomando su sombrero, salió con sus ayudantes Borige y Bustamante, dirigiéndose al cuartel de los colombianos.

Llegado allí, llamó al Capitán de cuartel, y le ordenó formar la tropa en el patio.

La serenidad imponente del Gobernador, y el acento autoritario de su voz, subyugaron al oficial, que, automáticamente obedeció.

Gorriti, entonces, avanzando hasta el centro del cuadro:

—Amigos míos, –les dijo– hemos dado los mejores años de nuestra vida á la conquista de la Independencia. Después de largo batallar, la hemos conseguido: somos libres. Ni un solo enemigo nos queda ya que combatir en toda la extensión americana.

Por tanto, nuestras armas sonnos ya inútiles.

Nosotros las hemos arrojado para empuñar el arado y sembrar nuestros hermosos campos, que nos dan ópimas cosechas, y nos devuelven las riquezas que devoró la guerra.

Heos ahí, con el inútil fusil al brazo; pero solos, sin familia ni hogar. ¿Queréis hacer como nosotros? ¿Queréis hallar todo esto en el trabajo?

—¡Sí! ¡Lo queremos! –respondió una inmensa exclamación.

—Venid, pues, á deponer vuestras armas en el lugar sagrado, donde las tomasteis para libertar medio mundo. Seguídme –ordenó.

Y los guió al cuarto de banderas, al pie del pabellón colombiano, donde, subyugados por el ascendiente misterioso del hombre que los conducía, aquellos bandoleros, transformados de pronto en hombres de paz, dejaron, uno tras otro, sus fusiles.

El Gobernador añadió, descubriéndose y saludando:

Héos aquí, ciudadanos argentinos; con iguales derechos que nosotros al ejercicio de la libertad y al goce de los tesoros que nos promete la virgen fertilidad de nuestro suelo.

Sois jóvenes, y no conocéis de la vida, sino las miserias de una larga guerra. Venid á gozar las dulzuras de la paz.

En tanto que formáis vuestros hogares, habitad en los nuestros; sed parte integrante de nuestras familias. ¿Lo queréis?

—Lo queremos.

—¡Lo queremos! –respondieron, repitiendo este asentimiento en unánime exclamación.

—Pues bien –concluyó el Gobernador– todo saludable propósito debe tener cumplimiento inmediato: el vuestro está realizado. Este sitio no es ya un cuartel militar, sino una morada de paz y descanso, donde agasajados por vuestros nuevos conciudadanos, é instruidos por hombres venerables que os darán la noción de los deberes y derechos del ciudadano en sus vínculos sociales, os prepareréis para entrar en vuestra nueva existencia.

Volved á vuestras *cuadras*, de hoy más transformadas en apacibles viviendas, donde comenzaréis á ensayar la vida del hogar, dividida entre el trabado, los goces que este produce, y el dulce amor de la familia.

A esa orden dada por una voz que poseía el don de suprema autoridad y de convicción profunda, aquellos vándalos, avezados á la violencia, pero, como todos los que han vivido lejos de los centros sociales exentos de escepticismo, en medio á su inconsciente corrupción, cual niños, curiosamente anhelantes ante la promesa de un bien no conocido, batiendo palmas, obedecieron con plácida docilidad...

En tanto que esta sumisión se efectuaba, los Ayudantes, Borige y Bustamante recorrían la ciudad, iniciando á los vecinos en la idea del Gobernador, y estos segundándola, apresurábanse á enviar á los huéspedes de San Bernardo, camas y ropas de paisano.

El antiguo refectorio de los Belermitas se habilitó instantáneamente, lloviendo en él, confeccionadas en las mejores cocinas de Salta, exquisitas refacciones, que sacerdotes ilustrados servían á sus neófitos, instruyéndolos, entre brocados y sonrisas, con piadosas pláticas.

Breve: como por obra de encanto, en el corto espacio de dos á cinco de la tarde, el bullicioso cuartel habíase convertido en casa de ejercicios, antes que sus indómitos moradores pudieran darse cuenta del poderoso influjo que los había subyugado.

El Gobernador se separó de ellos riendo con sorna, y volvió á su prisionero, que poseído de rabia, dentelleaba el escaso bigote de cholo llanero.

Gorriti, alejados sus compañeros, platicó con él, largamente, á solas.

¿Qué argumentos empleó en esa conferencia, comenzada con gritos de rebelión, convertidos luego, en monosílabos de asentimiento? Nadie pudo saberlo; pero al salir de ella el terrible caudillejo tenía el semblante radioso de quien lleva en sí la promesa de una dicha anhelada.

En efecto, pocos días después, la bella Luisa Ibazeta, diole, con su mano, el amor que hasta entonces, con desdenes le rehusara.

Inducido por su esposa, retiróse al campo, donáronle: éste una heredad, aquél una centena de vacas; otros, tropillas de caballos y utensilios de labranza.

En medio á ese sano ambiente, el hombre de guerra comenzaba á transformarse en hombre de trabajo.

Como sus soldados, que, del claustro de la casa de ejercicio en que se tornara su cuartel, salieron, mansos, alegres y contentos, unos á renovar su antigua vida de los Llanos, domando potras y repuntando ganado cabalgados en veloces caballos, á través de las pampas de la Frontera; y otros á establecerse en la ciudad y ejercer el trabajo en los talleres de la industria, así él, su jefe, habría olvidado su antigua vida de desórdenes y violencias, en la paz de su hogar campestre.

Por desgracia para él, tuvo ocasión de acercarse al terrible Quiroga; y aunque fue para combatirlo, husmeó la sangre que manchaba al Tigre de los Llanos argentinos; y los apetitos homicidas de los Llanos colombianos se despertaron. Volvió una y otra vez á las conspiraciones, hasta que estas lo condujeron al patíbulo...

– XXXIII –

—Bendito sea Dios, que me permite verte, amiga querida, aunque sea en los días postreros de nuestra vida –exclamó detrás del tupido velo negro que la cubría, una figura alta y esbelta, que entró y se detuvo delante de mí, al otro lado de la reja que dividía el oscuro locutorio.

—No así á mí, cuya vejez estás espiando detrás de ese velo, pícara traidora –respondí, en son de broma, procurando ocultar el enternecimiento que aquella voz, fresca todavía, despertaba.

—Tanto mejor para ti: la severidad de nuestra regla te ahorra el pesar de contemplar las ruinas de lo que fue.

—¡Oh! ¡que no! Ayer vi tu hermosa cabellera en el tesoro de galas de Nuestra Señora del Milagro: no ruina, no, sino opulento despojo de tu belleza.

Escuchose el rumor de un suspiro bajo el negro velo de la religiosa, que se apresuró á llevar la plática á otra región, más allá de este bajo mundo, donde, sin embargo, tan arraigada está nuestra alma.

Aunque vivamente lo deseara, separéme, no obstante, de Mercedes, sin atreverme á pedirle noticias de las otras dos desventuradas que, cual ella, fueron á encerrar en el silencio del claustro los dolores y las decepciones de su vida.

– XXXIV –

Al traspasar los umbrales del convento, al aspirar el aire y la luz exterior, sentí como si levantaran de mi corazón un grave peso.

La vista de aquella que en otro tiempo fue una joven linda, alegre, turbulenta, y que ahora yacía envuelta en negro sudario, oculta entre las sombras de la muerte, en el sepulcro del claustro y en el ataúd asfixiante de una celda, despertó, con todo su horror, la terrífica obsesión que siempre atormentó mi fantasía: ¡ser enterrada viva!

Tras una prolongada aspiración que llevó á mis pulmones el aura primaveral de aquella hermosa mañana.

—Vamos –dije– vamos á respirar el rico oxígeno de estas alturas. ¡Cerro querido! ¡Ocupada de mis afecciones humanas, te olvidaba á ti, genio tutelar de Salta!

Y al levantar los ojos hacia el cerro que á corto trecho de allí se alzaba prorrumpí en una exclamación de dolor.

Hasta ese momento, sólo había visto el San Bernardo en las primeras horas matinales, á través de la irradiación del sol naciente, como una mole oscura.

Ahora, la hermosa montaña, antes vestida desde el pie á la cima de bellísima selva de lapachos, cebiles, yuchanes, seibos y algarrobos, que la primavera cubría de flores, talada hasta su último arbusto, estaba ahí, ante mí, asolada, triste, sin más semejanza de sí misma que su noble perfil, y tan árida y descolorida, como los cerros de las punas.

¿Qué vándalos habían podido consumar aquella devastación criminal, despojando al cerro de su bellísimo ornato, y á la atmósfera de las saludables emanaciones de su arbolado? Y las autoridades encargadas del embellecimiento de la ciudad y de su higiene; ¿por qué lo habían permitido?

—Dijéronme que la Municipalidad había, al respecto, dado órdenes severas.

—¡A buena hora –pensé yo– cuando nada queda ya que destruir en aquellas vertientes que antes cubría la fronda de una floresta!

Aparté la vista de aquella sacrílega devastación, y caminando lentamente para reconocer los sitios, descendía la calle de San Francisco, diciendo á mis compañeras el nombre de las familias que en otro tiempo en ella habitaron.

Aquí las bellas Gil, allá las Castro, más allá las Toranzos.

He ahí la casa solariega del fundador de la numerosa tribu de los Uriburu. Donde está ahora esa ventana con verja de hierro, abría su huerta la botica del *Coyuyo*[24], un farmacéutico aragonés, así llamado, por el eco estridente de su voz. Llamado así, pero con gran cólera suya; y Dios guardara á quien él se lo oyera decir.

Por lo demás, su botica era de las más acreditadas, y él un hombre de la más honorable.

Un día, la señora Burgos, una vecina de la Banda, tuvo necesidad de una onza de cremor, y mandó á su sirvienta que fuese á comprarlo á la calle de San Francisca, en la botica del *Coyuyo*.

La pobre negra creyó era un apellido; y buscándolo en la calle indicada.
—Señor –dijo– ¿es esta la botica del *Coyuyo*?
—Sí, hijita mía –respondió el aragonés, con una melosidad de mal agüero– ¿qué hay para servirte?
—Véndame su merced una onza de cremor para mi señora.
—Con sumo gusto. ¿Es ella quien te ha enviado aquí?
—Sí, mi amo.
—En el momento.

Y, no sin un imperceptible temblor en la mano, á vueltas de su sonrisa, pesó la medicina, envolvióla coquetamente en un papel y la entregó á la cliente, que le dio un peso fuerte para que cobrara el precio.

El farmacéutico abrió el cajón del mostrador, y tomando de allí, muy enrolladito, un látigo de tres ramales que escondió en la manga de su hopalanda[25], contó siete reales vueltos en la mano de la negra, obligándola á guardarlos, así como el cremor, en el bolsillo de su delantal.

—Ya estás despachada, hijita mía –la dijo siempre sonriendo.
—Gracias, mi amo, que se quede su merced con Dios –y á negra volviose para salir.
—¡Aguarda, aguarda! –agregó el farmacéutico– Vas á llevar un recadito para tu señora. Dila que yo no me llamo el Coyuyo, sino don Bernabé Fernández de la Higuera. Que le beso las manos, y que se digne recibir el obsequio que, no pudiendo darlo á ella en persona, le envío en tus espaldas.

Y aferrando, con una mano á la negra y con la otra el látigo, diole una docena de tremendos azotes, y la despidió.

– XXXV –

Lleváronme á visitar el Santuario de la Candelaria, precioso templo que parece arrancado de las orillas del Arno para embellecer las del Arias.

Débese esta joya arquitectónica á la piedad de las hijas de Salta, secundada por la devota cooperación del distinguido ingeniero Noe Maki, su constructor.

---

24 *Coyuyo*: cigarra o chicharra
25 *Hopalanda*: bata grande y amplia que usaban los estudiantes en las universidades

Asiéntase entre Jardines y huertas, al lado de la vetusta iglesia de la Viña parroquial del curato de la Banda, á donde en otros tiempos íbamos á rezar la Vía–Sacra los viernes de Cuaresma.

Habría deseado volver á ver aquella nave oscura que recorríamos, siguiendo los trances de la Pasión: nuestra madre con piadoso fervor; nosotros con el irreverente aburrimiento que inspiran á los niños las largas plegarias.

– XXXVI –

Al salir del Santuario de la Candelaria, divisé á lo lejos, de pie, todavía, aunque derruida la casa de las Soldorado, bellezas célebres en las trovas de los poetas populares.

Su historia no quedó, sólo, en las crónicas salteñas: siguió un largo itinerario, perdiéndose lejos de la tierra natal, entre el fragor de los tumultuosos sucesos de aquella época.

Las Soldorado, godas hasta el fanatismo, casáronse, todas, con oficiales de los ejércitos realistas que, invadiendo el territorio, lograban penetrar hasta Salta.

Jacinta, la más bella, era, como tal, orgullosa, reía y burlábase de la elección que sus hermanas habían hecho en lo que ella, con desdén, llamaba *subalternaje*; y había jurado no dar su mano sino á un jefe de alta graduación; noble y de limpia estirpe.

Firme en este propósito, y envolviéndose en la aureola de su belleza, aguardaba.

Un domingo, día siguiente á la ocupación de la ciudad por las tropas de La Serna, al salir de la Catedral, donde había ido á la misa de canónigos, Jacinta notó que la seguía un apuesto militar.

Llevaba pantalón grana galoneado, uniforme cubierto de bordados de oro; al pecho varias condecoraciones, y en los hombros largas y resplandecientes charreteras.

¡Un jefe! y bello y apuesto.

¡La mitad de su ideal!

Al tornar la esquina de una calle, el militar, dando dos trancos, se plantó al lado de la joven y la hizo un saludo silencioso, llevando hasta el suelo su sombrero, ornado de rojas plumas.

—Qué audacia –exclamó Jacinta, alzando airados, hacia el oficial sus bellísimos ojos.

—No audacia, sino amor –respondió él, con acento humilde–. He visto á usted; la amo y mi corazón no quiere estar conmigo, se va en pos de usted. ¿Qué haré yo sinó seguirlo? Devuélvame usted mi corazón, ó guárdelo con el sentimiento que lo anima.

Jacinta, á quien esta declaración á *quemarropa* inspiró un desenlace á *quemarropa* también, sin desarmar de severidad el bello semblante.

—¿Qué pretende usted de mí? –dijo, fijando en el militar una mirada de juez.

—¿Qué pretende usted de mí? –repitió éste– que me conceda usted su mano y su amor.

—¿Es usted noble?

—¡Oh! Sí; y con un escudo de armas de los más esclarecidos.

—Presente usted sus pruebas –pronunció Jacinta.

Y como en ese momento llegaran á su casa, despidió de la puerta al improvisado galán.

No más tarde que al siguiente día, anunciaron á Jacinta el Coronel Santalla.

Era el pretendiente, que venía, portador de los requeridos títulos de nobleza, documentos de autenticidad incontestable, que lo declaraban Caballero de la *Real Barra*...

Poco después, la bella Soldorado dejaba su sombre de familia para llamarse la señora de Santalla...

Mas, la pobre ambiciosa ignoraba que la nobleza de su marido no remontaba al tiempo de las Cruzadas, ni mucho menos; y que su historia tenía un origen flamante y curiosísimo.

– XXXVII –

Fernando Príncipe de Asturias, antes de ser rey VII de este nombre, era un joven bello y apuesto; dado á diversiones, juegos y toda suerte de ejercicios.

Entre unos y otros, la equitación y el tiro de la barra lo apasionaban.

Eximio jinete, en una hora domaba al potro más bravío, y la pujanza de los más diestros tiradores, nunca pudo enviar la barra donde llegaba la suya.

Quejábase de que en aquel juego de que tanto él gustaba, sólo había encontrado vencidos, cuando he aquí que su Caballerizo mayor, de regreso de una comisión con que él lo envió á Navarra, trájole noticia de que en una granja, cerca de Pamplona, había un zagal de tanta fuerza y habilidad en el juego de la barra, que no sólo tenía vencidos á los jayanes[26] de los contornos, sino á todos los jóvenes señores de la ciudad, que quisieron medirse con él.

El Príncipe no durmió aquella noche, pensando en el rústico campeón que ya le tardaba tener en su presencia...

Pocos días después, una silla de posta desembarcaba al asombrado zagal en el suntuoso alcázar de Aranjuez.

26 *Jayán*: mozo de gran estatura y robustez

Hospedáronle con regalo; y cuando el sencillo campesino comenzaba á creerse bajo el poder de algún hechicero, fue llevado á un parque solitario donde había preparado un tiro de barra, y de pie un bello joven que le hizo el saludo de invite.

El pastor, con agreste desenvoltura: Tú que hasme hecho venir para medirte conmigo –le dijo– tira el primero.

La blanca mano del joven asió una de las dos barras que estaban en tierra; y levantándola sin esfuerza, la arrojó á una distancia que hizo exclamar de admiración á los dos únicos testigos de aquella escena: el Caballerizo mayor y un hombre de negra opalanda.

Pero cuando el zagal, á su vez, hubo arrojado la suya, fue de asombro el grito que ambos lanzaron.

La barra del pastor había doblado la distancia recorrida por la del Príncipe.

—Escoiquiz –exclamó éste– ¿soñaste nunca, para tu discípulo, tan completa derrota?

Y volviéndose al zagal:

—¿Cómo te llamas? –preguntole.

—Pedro Santalla –respondió el rústico, muy orondo.

—Pedro Santalla –replicó el Príncipe– acabas de conquistar, y con gloria, el título de nobleza, que voy á conferirte. De hoy más, has de llamarte: Don Pedro de Santana, caballero de la Real Barra, investido por *nos*, Fernando de Borbón. He aquí mi acolada.

Y abrazó al zagal.

—Vosotros –ordenó el de Asturias –calzadle la espuela– y señaló las de oro, que su aristocrático pie llevaba en el talón de la finísima bota.

Y el Abate y el Caballerizo mayor, doblada una rodilla, calzaron sobre las alpargatas del pastor aquella noble prenda del caballero.

Desde ese día, Santalla vistió el uniforme de los guardias reales que le vino muy mejor que á muchos de los de la sangre azul, en aquel grupo de jóvenes nobles.

La alta protección de que gozaba Santalla, lo llevó á prisa de los galones á las presillas, y de éstas á las charreteras que deslumbraron á Jacinta Soldorado, cuya luna de miel vinieron á inquietar los patriotas cayendo sobre los godos, y obligándolos á huir hacia las frías estepas del Alto Perú.

– XXXVIII –

Jacinta abandonó los dulces goces de la tierra natal para seguir á su esposo en la vida aventurosa de ese perpetua campaña, hoy guarneciendo ciudades, mañana acampando en áridos desiertos.

¡Y si sólo esos hubieran sido sus padecimientos!

Pero ¡ay! el rústico, oculto bajo galones, cruces y charreteras, traspiraba en todos los actos el Caballero de la Real Barra.

Era celoso, brutal, y ultrajaba la virtud de su esposa con indignas sospechas, más de una vez expresadas con los puños del labriego.

La pobre Jacinta sufría en silencio, temiendo el escándalo.

Pero si era una mujer prudente, la bella Soldorado era también una mujer fuerte; y confiaba en Dios que la daría la ocasión de probárselo á su marido.

A esta ocasión llegole su hora.

– XXXIX –

El regimiento que mandaba Santalla recibió orden de pasar el Desaguadero y de ir á situarse en el pueblo de Tiabaya, á corta distancia de Arequipa.

A su paso por Yura, población balnearia, el Baden de los hijos del Misti[27], Jacinta fatigada de largos viajes á través de páramos y montañas, quemada por el sol y cubiertos de polvo, vestidos y cabello, anheló la delicia de bañarse en las tibias aguas de aquel paraje.

Santalla, asintiendo á ese deseo, dejóla allí, en tanto que el regimiento se acuartelaba en Tiabaya, y la oficialidad tomaba alojamiento.

Cuando esto estuvo hecho, no pudiendo, por las exigencias del servicio, ir en busca de su esposa, Santalla confió este encargo á un Capitán amigo suyo; pero en quien Jacinta y más de una vez, había sorprendido codiciosas miradas fijas en ella.

Habituada á ese callado homenaje rendido á su belleza, y confiando ella también en la hidalguía de aquel hombre de espada, despachó adelante á los asistentes que cuidaban su equipaje, y al oscurecer, para evitar el calor del día, púsose en camino con su acompañante.

Más, he aquí que en la nocturna travesía que hacían solos, costeando una quebrada desierta, de pronto, el caballero tornándose salteador, arrebató su caballo, y emparejándolo con el que montaba Jacinta, estrechó á ésta en sus brazos y quiso arrancarla de la silla.

Pero aquel pobre diablo no soñó lo que le aguardaba.

Jacinta, al parecer, armada solo de un Latiguillo, llevaba oculto bajo la solapa de su amazona, un lindo pistolín de marfil, acero y plata, muy bien cargado, que salió á debido tiempo y atravesó con una bala certera las sienes del traidor.

Jacinta, dejando tendido el cuerpo exánime del delincuente, siguió sola el

---

27 *Hijos del Misti*: Arequipeños. La ciudad de Arequipa se encuentra situada al pie del cerro Misti de más de 5,500 mts

camino hasta Tiabaya.

Al presentarse á su marido:

—Manda –le dijo– recoger el cadáver del amigo que encargaste de conducir á tu esposa, y á quien forzoso me fue matar.

Y añadió mostrándole el pistolín.

—Veo que de hoy más, no debo separarme de este protector que me ampare contra malos tocamientos de cobardes, que se atreven con los débiles...

Santalla, como lo afirma la bella tradicionista cuzqueña, Clorinda Matto de Turner, ¿era cobarde?

Lo cierto es que, desde entonces, nunca osó acercarse á su mujer sino en son de amor; con la sonrisa en el labio, juntas las manos y plegada la rodilla, cual lo exige la adoración.

Para más adularla, hizo levantar en el sitio del castigo una columna conmemorativa, cuyo zócalo he visto yo de pie, todavía, en mi tránsito por ferrocarril, de Puno á Arequipa.

– XL –

Al volver de nuestra piadosa excursión, encontramos en casa la agradable novedad de una invitación á las carreras que al siguiente día se corrieron en el Campo de la Cruz.

Partimos en el *coupé* que la amable Señora de Cánepa, ponía cada día á mi disposición.

Iban conmigo Panchita Güemes y Julia, la preciosa hija de Luis Castro.

Mientras las muchachas hundían curiosas miradas en el interior de los carruajes, y reían, platicando actualidades, con la alegría de la juventud, yo, silenciosa, la mente en las lejanías del pasado, volví á ver ese campo que medio siglo antes crucé, parte integrante de una numerosa familia, entre los restos de un ejército, huyendo de la muerte, ante las lanzas sin cuartel de un vencedor inexorable que nada respetaba, ni sexo, ni juventud, ni belleza.

De toda esa multitud proscrita, yo sólo, en la cabeza y el corazón la nieve de los años, volvía al punto de partida. Los otros, esparcidos como hojas que arranca el viento, cayeron, y duermen bajo la tierra extranjera...

Un gran clamoreo habíase levantado, y los gritos de:

—¡Abajo Alazán!

—¡Viva Picaso! –resonaban en todos los ámbitos del campo.

La carrera había terminado, y la multitud se arremolinaba en torno á los dos contenedores, que traídos por sus palafreneros desde la meta, atravesaban la línea recorrida, el uno aclamaba; el otro, entre las injuriosas burlas de la derrota.

Sin embargo nada tan bello en su especie como el caballo vencido. Cabeza pequeña; cuello airoso y flexible; una piel de oro, y sobre ésta, negras crines, y, negra también, no una cola, una rauda abundosa y ondeante, que caía hasta sus finísimos jarretes.

Por admirar á éste, no vi al vencedor, sino ya de lejos; y me pareció un vulgar rocinante.

¡La Fortuna es ciega!

– XLI –

Acercábase el día de la partida.

Necesario era dejar á la querida tierra, entrevista, apenas, tras tantos años de ausencia.

Entre banquetes, paseos, pláticas, parlas y charlas, pasaron como un soplo los treinta días que debía permanecer en Salta.

—Cuanto me falta ver, todavía –exclamaba con pena– sobre todo, habría querido contemplar á las bellas salteñas reunidas y en vestidos de gala, para ver si han guardado la tradición de esa gracia inimitable con que corrigen la moda.

Un grupo de amables jóvenes, deseando de contentar este anhelo, ideáron obsequiarme con un baile.

¡Un baile á una vieja!

Y sin embargo, era la mejor manera de realizar aquel deseo.

Nombrose una comisión que se encargara de ejecutar con prontitud los arreglos necesarios á la ejecución del proyecto.

Esta se expidió de un modo espléndido.

El teatro de la Victoria, transformado en un salón inmenso decorado con lujo y gusto exquisitos, presentóme un golpe de vista encantador, cuando, conducida por la comisión que fue á buscarme á casa, me presenté en el palco que me habían destinado.

Una centena de bellísimas jóvenes, dando el brazo á otros tantos caballeros, entre quienes se hallaba el joven Gobernador, paseaban, departiendo en gozosa espera.

Al verlas —¡Son las mismas! –exclamé– las mismas salteñas, originales en todo lo bello.

Si algo en ellas ha cambiado, es en razón del progreso en la gracia y la gentileza.

Pidiéronme la elección de la pieza danzante con que debían comenzar; y yo, buscando en el recuerdo de mis mocedades elegí una vejez; pero una vejez graciosa en todos los tiempos por su *lisísima* desenvoltura: *la cuadrilla lancera*.

El grupo de pícaras muchachas que vino á mí con aquella demanda, se fue riendo. Pero ellas mismas bailaron la hechicera danza, con gracia tal, que si el compositor hubiera podido verlas, habría caído á sus pies.

– XLII –

En una visita de despedida, encontréme en la, otro tiempo, casa solariega de mis abuelos.

Fundála Agustín Zuviría, joven vizcaíno de apostura, inteligencia y bondad proverbiales.

He profesado siempre, cariñoso culto á la memoria de este antepasado, muerto en la flor de la vida, y cuya historia es tan original, que no quiero negarle un lugar en estos recuerdos.

A mediados del ultimo siglo, vivían en la ciudad de Irún, orillas del Bidasoa, dos hermanos: Francisco y Joaquín Zuviría, postreros vástagos de una numerosa familia extinguida.

Unidos por el más tierno afecto, y casados con dos jóvenes pobres como ellos, habitaron el mismo hogar, contentos y felices, hasta el día que la herencia de un tío de Indias aportó cuantioso caudal á la mujer de Francisco.

El punto de honor, sentimiento intransigente en un vizcaíno, prescribió á Joaquín la inmediata separación entre su pobreza y la opulencia de su hermano.

Si esta separación ordenada por el deber fue dolorosa á Joaquín, mucho más lo era para Francisco y su esposa, que careciendo de hijos, amaban como suyos á los de su hermano.

Así, esta, vertiendo lágrimas, suplicó á su cuñado les permitiera adoptar á su primogénito Agustín, ahijado de ambos esposos, y el más querido de sus sobrinos por su belleza y precoz inteligencia.

Negóse á ello el adusta Joaquín, no queriendo en sus hijos la diferencia de fortuna que á ellos los separaba.

Sangrando el corazón, Francisco nada pudo objetar contra decisiones que habrían sido las suyas en caso igual.

La separación se efectuó.

Quedóse Francisco en el derruido solar de sus padres, que reedificó luego, devolviéndolo á su antiguo esplendor.

Joaquín fue á habitar en la parte baja de la ciudad, donde el mercado y los alquileres de viviendas eran baratos. Al niño Agustín, ya de nueve años, mandólo á la escuela, y él siguió en su vida de asiduo trabajo.

Sin embargo, los dos hermanos se amaban con el mismo entrañable cariño. Ambos igualmente sufrían de esta separación; pero si Francisco y su esposa iban cada día á visitar á Joaquín, este y su familia jamás ponían los pies en la morada que enriqueció la herencia del indiano.

Francisco y su mujer sentíanse solos en aquel suntuoso lugar que antes encantaba la presencia de los niños; echábamos de menos, y no estaban lejos de maldecir las riquezas que habían venido á alejarlo.

Entre tanto, el niño Agustín progresaba grandemente en el estudio, y tenía muy contentos á dos maestros y á su padre.

Así, este no extrañaba su tardío regreso de la escuela. Agustín lo achacaba al aumento de materias en la enseñanza.

Pero, como estas demoras, cada día, más y más se prolongaran, Joaquín fue á preguntar en la escuela hasta que hora duraban sus clases.

Díjole el dómine que á las cuatro y cuarto de la tarde, los niños debían llegar á su casa.

La madre del bedel, que se hallaba arreglando las carpetas, salió detrás de Joaquín, y acercándose á él lo informó cautelosamente de que, cada tarde al salir de la escuela, el niño Agustín y dos compañeros suyos, antes de regresar á sus casas, bajaban, camino del río. ¿Era á bañarse? ¿Era á jugar en la playa? Ella no lo sabía.

Joaquín, severo con sus hijos como lo era consigo mismo, indignada y lleno de inquietud, propúsose acechar al niño Agustín, para averiguar el objeto de aquellas campañas.

Al día siguiente, apostado en las cercanías de la escuela, espiaba la salida de los niños.

El reló de la vecina iglesia dio las cuatro.

No de allí á mucho, Agustín seguido de sus dos compañeros, tomó, el primero, la puerta, y corriendo desapareció en la pendiente de las calles que descienden hacia la playa del Bidasoa.

Tras ellos y con paso igualmente rápido seguíalos Joaquín, seguro de atrapar á su hijo en debido tiempo: esto es, en el desenlace de la aventura.

Pero ¡ay! Joaquín no contaba con la manera expeditiva de los muchachos en todos los actos de su vida.

En tanto que corrían, para abreviar el tiempo, o más bien para ganarlo, Agustín y sus amigos desabotonaban sus ropas, deshacían el nudo de sus corbatas, soltaban sus ligas, y al llegar á la playa, Joaquín violos con espanto, desnudos, lanzarse al río en el paraje más encajonado, y por tanto el más profundo, y nadar con audacia increíble hacia la otra orilla, donde un grupo de gendarmes franceses batía las manos, al parecer, aguardándolos.

El rígido padre no podía creer á sus ojos.

¡Cómo! ¡Su hijo, el tierno niño que él criaba en los principios de una santa austeridad, era el temerario aventurero que estaba viendo salvar á nado los límites de la frontera para ir á mezclarse á las orgías de los soldados, bebiendo con ellos sendas copas de aguardiente!

Tal se le antojaban, al enojado padre, los vasos de la inocente agua del Bidasoa que, en la sed del cansancio, Agustín y sus compañeros absorbían, servidos por los gendarmes, encantados de la gracia picaresca de aquellos españolitos, sobre todo de Agustín, por su apostura y gentileza.

Los furtivos paseantes, después de los tres exquisitos goces de: baño, natación y charla con sus buenos amigos, los gendarmes franceses, cuya lengua comenzaban ya á chapurrear, tiráronse, otra vez, al río y emprendieron el regreso, muy contentos, y haciendo para el siguiente día alegres proyectos...

De repente, ¡oh Dios! ¿que vio Agustín en la otra orilla, al lado de su ropa, que lo hizo estremecer de terror, volver cara y ganar otra vez la playa extranjera?

Vio á su padre, de pie, inmóvil, y fijando en él una severa mirada.

Joaquín adivinó la intención de su hijo, y tomando consigo los vestidos que este dejara era tierra, dirigióse al puente que, no lejos, unía las dos márgenes del Bidasoa.

Pero, al llegar á lo alto de la pendiente, subiendo del río, vio al niño Agustín, envuelto en una *chamarre* de gendarme francés, atravesar el puente corriendo como un gamo, y desaparecer en las estrechas callejuelas del arrabal, que las primeras sombras del crepúsculo comenzaban á oscurecer.

Cuál quedaría el austero padre ante aquella acumulación de increíbles delitos en un niño de nueve años: deserción, vagabundaje, arrojo temerario, malas compañías, embriaguez, fuga, rebeldía.

Y como si toda esto no bastara, al otro lado del puente los guardas franceses celebraban con burlonas carcajadas, la hazaña del temerario rapazuelo.

La indignación y el dolor disputábanse lugar en el alma de Joaquín, mientras se encaminaba á su casa, creyendo hallar allí al culpable.

Cuál quedaría, cuando al llegar á la puerta, encontró á su mujer, que inquieta y llorosa, aguardaba á Agustín, ausente todavía, á pesar de lo avanzado de la hora.

– XLIII –

Había anochecido, y en casa de Francisco servían la cena.

Los esposos iban á sentarse á la mesa, cuando una aparición, extraña, inesperada, los detuvo, paralizados de asombro, en la entrada al comedor.

Un niño desnudo, envuelto medie cuerpo en una vesta militar, se echó en sus brazos, llorando.

Era Agustín.

Tanto alarmó á Francisco la vista del niño en tal estado, por temor de alguna catástrofe en la familia de su hermano, que cuando el delincuente hubo hecho su *mea culpa* confesando la arriesgada travesura, Francisco hasta le halló gracia, y aun de buena gana habría reído, si no le fuera indispensable reprender severamente al asendereado[28] Agustín sus temerarias escapadas.

De sobra pesábale de ellas al pobre niño, que temblaba de frío y de fiebre.

Hiciéronlo acostar; y mientras le prodigaban cuidados, Francisco fue á interceder por él ante su padre.

Pero Joaquín estuvo inflexible, y nada pudieron con él ni los ruegos de su hermano, ni las lágrimas de la pobre madre.

—El hijo extraviado no volverá al seno de la familia. Será entregado al Defensor de menores, que dispondrá de él.

Y dada esta sentencia, calló.

La madre exhaló un gemido que conmovió profundamente á Francisco.

Sin embargo, en medio de esta dolorosa escena, sentía, allí, en el fondo del alma, sonreír una esperanza egoísta.

Volviose á Joaquín, y, con enojo, exclamó:

—El Defensor de menores. ¿Quieres entregar tu hijo á un protector extraño, y lo niegas, á tu hermano, que desea adoptarlo?

Y el otro. –¡Qué oigo! –replicó– ¿Quieres acoger en tu seno al precoz aventurero, á un futuro *condotiere*?

—¡Sí! Y haré de él un hombre digno de ti y de mí.

Y tú, pobre madre –añadió volviéndose á esta, que en silencio lloraba– consuélate; mi esposa y yo lo amamos como á un hijo, y pronto lo sera ante la ley.

Francisco volvió á su casa llevándole á su mujer esa, para ella, grata nueva.

Agustín tenía un alma tierna, amaba con apego á los suyos, y lloró amargamente por el perdido hogar.

Pero el cariño de sus protectores era tan acendrado, tan solícito, que si no consoló, suavizó su pena.

Después, enviado á Oviedo para hacer allí sus estudios, los cambios de morada, de sociedad y de existencia, modificaron esos sentimientos, introduciendo el elemento viril.

Pasaron años; y los informes que de los progresos de Agustín en todas las materias que cursaba, llegaban á sus padres adoptivos, fueron cada vez más halagüeños.

Por aquel tiempo, una enfermedad pulmonar, hasta entonces latente, y que amenazaba grave desarrollo, obligó á Francisco, por consejo de los médicos, á cambiar el clima frío de las alturas pirenaicas por el de Las cálidas playas del Mediterráneo.

Hizo donación á su hermano de la casa solariega, que como mayorazgo poseía, y fue á establecerse en Barcelona, donde puso fuertes capitales en circulación, y se entregó al comercio con el Río de la Plata, donde poseía valiosas propiedades, parte integrante de la herencia del indiano.

28 *Asendereado*: obligado a huir por fuera de los senderos

Allí hubo de trasladar definitivamente su morada, años después, aquejado por su enfermedad, que debía combatirse con una larga navegación y el aire de extensos horizontes terrestres.

Estas y otras ventajosas condiciones halló Francisco en Buenos Aires, la hermosa capital del virreinato del Río de la Plata, ya entonces importantísima metrópoli.

Así, fijó en ella su residencia, y llamó á su sobrino, que le anunciaba haber acabado sus estudios con el debido provecho.

No sólo con provecho, como en su modestia declaraba: con brillo y aplausos dejó Agustín las aulas universitarias para ir á reunirse con su tío en América.

Pero antes de partir, obedeciendo á los reclamos del corazón, Agustín hizo una romería al santuario de que no se apartó nunca su alma: á la casa paterna.

Joaquín, que todavía no había perdonado á su hijo las furtivas travesías del Bidasoa y los tratos con los gendarmes franceses; que reñía á su mujer cuando la veía leer llorando las cartas que Agustín le escribía, y que él jamás contestaba, por más que el corazón del padre (aunque vizcaíno) sangrara, Joaquín vio un día entrar, inclinarse doblando la rodilla, y luego caer en sus brazos, un joven tan bello, que, á tener un poco de fantasía, habríalo creído un arcángel: tan hermoso era su rostro, tan rubios sus ensortijados cabellos, tan gentil y majestuosa su apostura.

Pero aquellos rasgados ojos azules de largas y rizadas pestañas que sonreían llorando, eran los ojos de...

—¡Agustín! ¡hijo mío! —exclamó la madre, que llegó como un torbellino, y arrancando al joven de los brazos de Joaquín, lo estrechó en los suyos con frenético ademán...

Esta escena acabó de echar por tierra la dureza de Joaquín, ya muy conmovido á la vista de su hijo.

Lágrimas, las primeras quizá, que derramara en su vida, bañaron sus mejillas, mientras abrazado á él, le dio su bendición.

Mas, no obstante el perdón que le abría las puertas de la casa paterna, preciso érale á Agustín abandonarla, separarse de los suyos, para ir donde lo llamaba el protector á quien todo lo debía: desde las riquezas, hasta la vida intelectual.

Y Agustín partió para América, este país que él debía amar con el amor de una segunda patria.

– XLIV –

El sentimiento de admiración que le conquistó la gracia de su padre, cautivó también el ánimo de sus tíos, á la vista del gallardo joven.

Y cuando descubrieron las altas virtudes que bajo aquella gentileza se cobijaban: valor, inteligencia, generosidad, rectitud, probidad; un alma tierna, abierta á todos los dulces sentimientos que derivan del amor, de la piedad, de la abnegación; todo esto, realzado por una alegría espiritual, sana, espontánea, benévola, infantil, los esposos Zuviría bendijeron la esterilidad del matrimonio, que tal hijo les había dado, y lo amaron con entrañable cariño.

Agustín, par su parte, consagróles un afecto verdaderamente filial.

Para dar á su tío el descanso que su salud debilitada necesitaba, hízose cargo de sus negocios comerciales y los manejó con una inteligencia rara en su edad, ensanchando el radio de su acción en las provincias del interior, que comenzó á recorrer, estudiando sus valiosos productos y utilizándolos en el cambio y la exportación.

– XLV –

Por aquel tiempo, la rebelión del Cacique Tupac Amaru estalló en el Cuzco, esparciendo la alarma desde Lima á Buenos Aires.

Organizóse en esta ciudad una legión de patricios que marchó en auxilio al vecino Virreinato, reforzándose con el contingente de las provincias que era su paso al Perú, atravesaban.

Agustín Zuviría, alistado en sus filas, vió por vez primera Salta, el día que la brillante legión entró en su recinto bajo una lluvia de flores que las damas, encantadas de la gentileza de aquellos soldados, les enviaban de ventans y balcones.

Agustín, el más apuesto, y realzada su belleza con el prestigio del uniforme militar, llevóse tras sí todas las miradas, y cautivó el corazón de una linda viuda de treinta años, que con la atrayente estrategia de esta edad, supo decírselo á su paso, en una ojeada, y después á vuelta de la expedición al Perú, aprisionarlo en las doradas redes de su amor.

Todo esto tan á prisa, que muy luego Agustín anunciaba á sus padres adoptivos, prevenidos ya, que era el esposo de doña Agustina de la Cámara, una de las más cuantiosas fortunas, no sólo de la provincia, sino del Virreinato, añadía con repugnancia Agustín, que no estaba enamorado de las riquezas, sino de los bellos ojos de su esposa.

Así lo probó después.

– XLVI –

La situación geográfica de la provincia y sus ricos productos decidieron á Agustín á establecer en Salta la sede de sus operaciones Comerciales.

Resultados tan provechosos diéronle estas, que en breve se encontró poseedor de una cuantiosa fortuna, y con el gozo de amparar á jóvenes compatriotas, que deslumbrados por dorados relatos, abandonaban su país y llegaban á millares, pobres y faltos de protección.

Agustín dábales ancha parte en sus negocios.

Así los Amestoy, los Pico, los Pereda, los Echichipia y tantos otros, encontrarán á su lado, con el trabajo, las riquezas que hasta hoy, poseen todavía sus descendientes.

Desde que empezó á trabajar en América, Agustín hizo á sus padres una renta que fue en aumento con su fortuna, y que después convirtió en un fuerte capital.

Mas, de todos estos seres que Agustín hacía felices, ninguno, ¡oh! ninguno lo era tanto como doña Agustina de la Cámara, su enamorada esposa.

¡Qué radioso idilio el suyo!

Pera ¡ay! como todas los idilios, fue de corta duración.

Alumbrábanlo todavía los dulces rayos de la luna de miel, cuando una fiebre de las que se cobijan bajo las rosas del florido suelo salteño, cortó en breves días la vida de doña Agustina que murió lamentando la dicha que la muerte le robaba.

Como última prueba de amor, instituyó á su esposo, heredero absoluta de todos sus bienes.

Zuviría renunció caballerosamente á esta herencia que, además de serle innecesaria, por su cuantiosa fortuna, la delicadeza de su carácter le impedía admitir.

Agustín lloró con sentido duelo aquella amante esposa que con sus halagos despertó en su corazón el primer amor.

Pero los pesares de la juventud son nubes de verano, que disipa un soplo de viento, y cambia en nimbos un rayo de sol...

– XLVII –

Salta fue llamada, siempre, el país de las hermosas; y es fama que en aquella época, florecían en su afortunado recinto beldades admirables, así españolas, como hijas de la tierra.

Muchas de estas, procuraron con la mejor de sus sonrisas, desterrar el duelo del corazón de Agustín.

Cada una de ellas tenía derecho á fundar en su belleza halagüeñas esperanzas.

Pero ¡ah! con grandísima decepción de las irresistibles, seductoras, este triunfo obtúvolo una sencilla adolescente.

Feliciana Castellanos salía apenas de la infancia; los atractivos voluptuosos de la mujer dormían en ella, todavía bajo el candor de la niña.

Pero Agustín adoró ese candor; y desde la primera mirada, comprendió que hasta entonces sólo se había dejado amar, pero que ahora, era él quien amaba.

El corazón de Feliciana abrióse con un sentimiento de idolatría al amor de ese hombre, dotado de todos los dones que pueden hacer del ser humano un ideal: belleza, inteligencia, valor, lealtad, generosidad, abnegación; y realzadas estas sublimes cualidades por una bondad plácida, riente, casi infantil.

Así, por demás sería referir la dulcísima acogida que tuvo Agustín, cuando presentó á los padres de la joven, la petición de su mano; ni las simpatías y envidias que suscitó ante el altar la bella pareja.

Todo Salta acudió á presenciar esta unión, que se efectuó en la iglesia con cirios de fiesta, y en del Milagro, descubierta, llamada á este acto como testigo celestial.

Al pie de la escalinata del templo aguardaba un carruaje cuya zaga estaba cargada de cofres y maletas.

En él partieron los esposos, después de la bendición nupcial, á pasear su luna de miel en un viaje á Buenos Aires.

– XLVIII –

En su matrimonio con la de Cámara, los treinta de su mujer, inspiraban á los diez y ocho suyos cierto sonrojo, que impidió á Agustín presentarla personalmente á sus tíos.

Ahora, ¡oh! ahora, con qué gozo llevóles y puso en sus brazos aquella esposa tan linda y tan joven.

La ingenua gracia de Feliciana encantó á los dos ancianos, que se dieron á mimarla con una ternura verdaderamente paternal.

Anhelando guardarla á su lado, solicitaron de Agustín abandonase el comercio de las provincias, y viniese á establecerlo de nuevo en Buenos Aires.

Feliciana, á quien el tierno cariño prodigaban aquellos parientes habíala aficionado á ellos; y, por otra parte, deslumbrada por la belleza de la capital y sus suntuosidades sociales, insistió tanto con Agustín para que realizara esos deseos, que este hubo de ceder, á pesar de las grandes ventajas que perdía en aquel cambio.

Los viejos querían que Feliciana quedase ya, definitivamente con ellos en tanto que Agustín fuera á terminar á Salta esos arreglos.

Feliciana misma lo deseaba para evitarse y evitar á sus padres dolorosos adioses.

Pero en el alma de Agustín había delicadezas de sentimiento que impidieron asentir á esa separación anticipada, que robaba á los padres que allá, lejos, estaban aguardando á la hija, el consuelo de abrazarla una vez más; y á esta, el sello santo de su bendición.

Los jóvenes esposos se despidieron de sus tíos con la promesa de volver luego á reunírseles para siempre.

Así pensaban ellos; y Agustín, de regreso en Salta, había ya, con la presteza de su clara inteligencia, hechas las combinaciones necesarias al nuevo establecimiento de sus negocios en Buenos Aires.

Pero ¡ah! que al allanar obstáculos, Agustín no había contado con el más poderoso de todos; la ternura de su alma, que iba á sufrir una prueba insuperable: el dolor de los padres de Feliciana.

En llanto convirtióse el gozo de volver á ver á su hija, después de los terrores de un viaje, en aquel tiempo, tan largo y peligroso, á través de inmensos desiertos, plagados de hordas salvajes.

Sin embargo, alimentaban la esperanza de disuadirían á Agustín de su proyecto.

Mas como estuviera á punto de realizarse, una mañana al despertar, Agustín encontró á la cabecera de su cama á los dos viejos, que llorando le suplicaron no alejara de ellos á su hija, en los pocos días que les quedaba de vida.

Ante el espectáculo de ese dolor, Agustín olvidó el que iba á causar á sus tíos, y borró con una nueva promesa, la que á ellos lo ligaba.

Más implacable que Joaquín, Francisco nunca perdonó á su hijo adoptivo lo que él llamaba su perjurio.

Ni los motivos conmovedores de las cartas de Feliciana, ni el nacimiento de su primogénito, ni la muerte misma de Agustín, nada pudo desarmarlo.

Pero no por eso se arrepintió Agustín de su resolución.

Era padre, y de las dos promesas, la última pesaba más en su ánimo.

– XLIX –

Definitivamente establecido en Salta, Agustín se construyó en la ciudad y sus cercanías, deliciosas moradas entre jardines y vergeles, donde con frecuencia reunía á parientes y amigos, en fiestas exquisitas de placidez y buen gusto.

Por la intervención de sus corresponsales en Europa, hizo venir de Francia dos entendidos industriales: un hortelano y un cocinero, que dieron á los banquetes y comidas campestres de Zuviría, golosa celebridad.

Nada tan riente, como la existencia de Agustín, repartida entre el trabajo y los goces de la vida, que gustaba no sólo para sí y su familia, sino para derramarlos con mano profusa en torno suyo.

Daba cuantiosas limosnas; visitaba á los presos de la cárcel, se imponía de sus necesidades, y dos veces cada día enviábales de su cocina, viandas y vinos.

Hacía todos estos actos con una placidez, una alegría, que mostraba cuánto, aquel hermoso corazón gozaba con el bien que hiciera.

– L –

Seis años habían pasado sobre esa felicidad, sin alterarla.

Al contrario, aumentáronla cuatro niños, que eran la delicia de aquel afortunado hogar.

Un punto negro había, sin embargo, para Agustín en el cielo de su dicha: el enojo de su tío.

Pero guardaba tanto amor en el alma por este protector de su infancia, que esperaba con fe poder desagraviarlo.

Acercábase el aniversario del hijo primogénito de Agustín.

Francisco iba á cumplir su primer lustro, y grandes preparativos se hacían para celebrarlo.

Como se estaba en plena primavera, estación bellísima en todo el valle de Lerma, la fiesta debía tener lugar en Santa Rita, una linda quinta propiedad de Agustín, á pocas leguas de Salta.

Allí se hallaba ya desde la víspera Feliciana, con toda la familia, las dos numerosas falanges de Castellanos y Plazaola.

Agustín había querido para acompañarlas, para vigilar personalmente los aprestos del festejo: *toros, sortija* y *gallo* que iban á correr muchos jóvenes aficionados, tanto españoles como salteños.

Pero retenido por los negocios, cuando quedó, al fin, libre, era ya tarde en la noche.

Acordó cita con sus convidados para que se le reunieran al día siguiente y á primera hora, para partir juntos, y llegar temprano á Santa Rita, donde estarían aguardándolos un almuerzo campestre, bajo los emparrados en ciernes.

Cerca de media noche y muy cansado, Agustín regresó á su casa y se acostó.

En la flor de la edad, con una salud jamás quebrantada y un espíritu alegre y bondadoso, el dormir de Agustín era apacible y exento de pesadillas.

Sin embargo, y á pesar de las rientes ideas con que se adurmió, un extraño ensueño vino aquella noche á visitar su mente.

Vio de repente, saliendo de entre una niebla, posarse delante de él á Joaquín Zuviría.

Su padre mirolo fijamente; y poniéndole una mano en el hombro:

—*Oreinc*[29] –dijo, con voz tan vibrante que lo despertó.

Agustín sonrió, recordando que había prometido á su padre una visita, llevándole á su primogénito –que era ahijado de Joaquín– cuando hubiera cumplido cinco años.

Atribuyó aquel sueño á la misteriosa comunicación de los pensamientos, á través del espacio, entre seres que se aman.

Gozoso con la paterna visión, dejó la cama, se vistió aprisa y ordenó preparar el carruaje.

Muy luego los de los convidados, que llegaban en busca de Agustín, se detenían á la puerta.

Partieron.

Y al mediar del día, llegaban á Santa Rita, donde los aguardaba la grata sorpresa de un almuerzo confeccionado por las señoras, y, en previsión del próximo arribo de los huéspedes, servido ya al fondo del Huerto, bajo la sombra perfumada de la vid en flor.

En él, habíanse empleado las bellas manos de la gobernadora doña Mariana Saldua y las hermosísima doña Magdalena Goyechea, esposa del Tesorero Güemes, y muchas otras.

Aquella galante adición al programa de la fiesta fue celebrada con entusiastas brindis que se prolongaron en la galería exterior de la quinta, donde se había servido el café.

Esta galería, abríase sobre una plazoleta circuida de sauces que formaban en torno un muro, en cuyo centro un grande algarrobo de grueso tronco y tupidas ramas, semejaba una puerta.

Como alguien observara que aquel árbol quitaba á la quinta la vista del grandioso paisaje de bosques, llanos y montañas, en que serpea el camino de Salta, hasta una grande distancia, Agustín propuso ofrecerlo en holocausto á las señoras en recompensa á su graciosa hospitalidad.

Un grito unánime de aprobación acogió esta idea, y todos á la vez reclamaron parte en la acción del sacrificio.

Acordáronse tres hachazos á cada uno, en orden categórico, desde el Gobernador hasta el dueño de casa.

Trajeron el arma, y el corte del árbol comenzó.

El viejo algarrobo recibió la primera herida, en su larga vida, de la temblorosa mano del Excelentísimo Pizarro: herida leve que apenas rozó su corteza.

Pero, luego vinieron sobre él golpes terribles, que abrieron brecha hasta el corazón de su durísimo tronco

Cuando á Agustín le tocó su vez, soltó el hacha, y tomando una cuerda,

---

29 *Oreinc*: (éuskaro) Prepárate

enlazó lo alto del tronco; empuñó enseguida los dos cabos y tiroles hacia sí con tal pujanza, que el árbol, dando un crujido, cayó, cubriendo con sus ramas gran trecho en la plazoleta.

Agustín, con ademán triunfante, volviose hacia las señoras; pero al levantar la mano para enviarlas un saludo, cayó desplomado en tierra.

El esfuerzo que acababa de hacer había determinado la ruptura de una arteria.

Corrieron á él, lo levantaron y llevándolo á la cama, donde dos médicos que allí se hallaban, apresuráronse á darle toda suerte de auxilios.

Todo en vano.

Sobrevinieron vómitos de sangre alternados con síncopes, anuncio de un desenlace fatal.

La fiesta se tornó en llanto y confusión.

Agustín fue llevado á Salta, moribundo; y al amanecer de aquella noche, á la misma hora que la visión había venido á decirle –¡*Oreinc!*– expiró, repitiendo con triste sonrisa la fatídica frase:

—¡*Oreinc!*

– LI –

La muerte de aquel joven tan bello, tan noble y tan bueno, fue para Salta un duelo general.

Desde el poderoso hasta el mendigo, todos lo amaban.

Era la alegría de sus amigos, el encanto de los salones, el conciliador de todas las querellas, la providencia de los desgraciados.

Así, su memoria quedó viva y como una tradición dulcísima, entre sus contemporáneos.

Nadie creyó que la viuda de tal esposo pudiera sobrevivirle.

—Sin embargo, la que parecía inconsolable, se consoló, pues contrajo otras nupcias; y, lo que fue peor, con un hombre, aunque de alto linaje, horriblemente feo, tuerto, y, lo peor de lo peor... ¡vulgar!

Tout passe, tout casse...

Por dicha, el fin prematuro del bello Agustín Zuviría, no dio tiempo al cumplimiento de la tercera aserción del cruel proverbio francés: *–tout lasse*.[30]

¡Ah! nunca perdoné, nunca he perdonado, ni perdonaré á mi abuela, el haber ella, que tuvo por esposo un Alcibíades[31], puesto en su segundo lecho un Polifemo[32].

No se me creerá pesimista, pues el tal hombre vivió muchos años, y muchos, como yo, han alcanzado á conocerlo.

Parece imposible que Jacobita y Ascensión Toledo, tan lindas en sus mo-

---

30 *Tout passe, tout casse, tout lasse*: (fr.) todo pasa, todo se parte, todo harta. Frase de Ninon de Lenclos (1620-1705) cortesana francesa cuyo salón era socialmente muy apreciado por sus atractivos intelectuales y físicos
31 *Alcibíades*: (450-404 aC) Político y militar ateniense promotor del enfrentamiento con Esparta
32 *Polifemo*: cíclope, ser salvaje y gigantesco con un solo ojo en medio de la frente

cedades, hubiesen sido nietas de aquel horrible cíclope.

– LII –

El tiempo que me era dado permanecer en Salta, llegaba á su fin.

Forzoso era abandonar otra vez, y quizá para siempre la amada ciudad, tantos años ausente, y que ahora apenas había tenido tiempo de contemplar.

Un soplo parecíanme los veinte días de peregrinaciones á través de sus calles, evocando las imágenes desvanecidas del pasado.

Había llegado la noche, última que debía pasar bajo su estrellado cielo.

Sentada bajo la fronda de los duraznos en el patio de la casa hospitalaria, meditaba en esas dolorosas imposiciones del destino, que obedecemos, arrastrados por esa fuerza misteriosa llamada fatalidad.

Distrájome de esos pensamientos la llegada de una Comisión que la juventud salteña enviaba para ofrecerme un obsequio.

Era una bella pluma tallada en oro purísimo, y adornada con un rico brillante y este mote afectuoso: Recuerdo.

Verdadera obra de arte, semejaba un rayo de sol bajo la estrella de la tarde.

Con profundo enternecimiento recibí aquella ofrenda tan amble, tan fraternal; y prometí á mis favorecedores emplearla en loor de Salta.

Hoy cumplo esta promesa.

– LIII –

Llegó al fin la hora, y fue necesario partir.

Queriendo prorrogar lo más posible la despedida, Luis y toda la familia venían conmigo hasta detrás del Portezuelo, donde la mensajería aguarda á los viajeros retardados.

Yo, sin poder contener mis lágrimas, lloraba en un rincón del carruaje.

Luis para evaporar las suyas, reía y ensartaba toda suerte de chistes.

—¡Vamos! –exclamaba– ¿Habríase visto tanto lloviznar? ¡Mujeres! ¡Si todavía no es tiempo de agua!

Naña, da tú el ejemplo; seca esos ojos, que no se hundan más de lo que están.

Reímos; y yo obedecí, y enjugando mis ojos:

—En verdad –dije– no debo llorar sino dar gracias á Dios, por no haber encontrado aquí, tras tan largos años de ausencia, ni para la mirada, ni para el alma, una sola decepción.

—¡Oh! ¡Que sí! –replicó Luis– y todavía una muy grande. Hela allí.

Y me mostraba, caminando con paso apopléjico, por la vereda de enfrente, una, más que mujer, vestiglo.³³

—¡Dios mío! –murmuré– ¿quién es esta horrible bruja?

—Borjita E. cuya belleza, el otro día, recordabas.

El carruaje se había detenido en una aglomeración de carretas, y yo, á pesar mío, hube de contemplar esa cruel trasformación.

Aquella inolvidable Borjita, la del talle de sílfide, la de los ojos divinos, la de los dientes de nácar entre labios de coral, y hechicero lunarcito negro en la blanquísima y sonrosada mejilla, habíase tornado una vieja voluminosa, encorvada; con una cara plomiza surcada de arrugas unos ojos de tortuga, y en la colgante mejilla un lunar tuberculoso, semejante á la teta de una cabra, coronado de tres cerdas.

La visión pasó.

Y Luis, y yo, cambiamos estas frases:

—¿Qué tal?

—¡Horrible decepción!

– LIV –

Con tanta pena como en otro tiempo, partiendo para el destierro, alejábame, ahora, de la querida ciudad, escenario de los días más rientes de mi vida.

Algo del alma quedábase en sus calles, en sus casas, en sus jardines, en sus templos.

Y cuando las colinas del Portezuelo la ocultaron, y que reuniéndonos en la Mensajería, Luis y los suyos se apartaron de mí, lloré amargamente, con grande escándalo de los paisanos míos que, entre muchos extranjeros, encontrábanse viajando conmigo.

De los hijos de nuestras catorce provincias, sólo los salteños son ingratos con su ciudad natal.

Dentro de su recinto, la desprecian; fuera de él, la denigran.

Sin embargo, todo su mérito, que en muchos es grande, á ella lo deben; y –aunque les pese– cada uno de ellos es tan suyo, que, dormido o muerto quien lo mire, dirá:

—Es un salteño.

El llanto en una joven, es interesante, conmovedor.

El llanto en una vieja es una inconveniencia, casi una majadería.

En este sentido, hallé razonable el escándalo de mis paisanos, y procuré serenarme.

---

33 *Vestiglo*: monstruo fantástico y horrendo.

Lo conseguí, y el trayecto se me tornó agradabilísimo.

– LV –

Mi paso días antes por aquellos lugares, fue el de una sonámbula. Nada veía, nada oía, absorbida por una idea fija, llegar á Salta.

De regreso, y cumplido este anhelo, reconocíalos uno á uno, rememorando los nombres, de sus antiguos habitantes y los sucesos en ellos acaecidos.

—Este rancho sombreado de algarrobas debió ser el puesto de Río Blancos donde acogieron al niñito rubio, salvado de los indios por el gaucho, que, huyendo de ser reclutado, fue muerto por la *partida*.

Aquella hondonada de barrancas es el desfiladero de Carneaceda, donde pereció la pobre esclava aplastada por el cargamento de una de las carretas de una tropa donde se refugió, huyendo la tiranía de su amo; y al espirar arrojé á su hijo de pechos por la claraboya del carro, recomendándolo al capataz en un grito de agonía...

—¡Señora! ¡señor! –exclamó el espiritual Panchito Centeno– se quejaba usted del tétrico gauchi–político, y está más lúgubre que él.

—¡Es verdad! –respondí, riendo– Pero ¿qué quieren ustedes, señores? Este planeta –como diría Castelar– está lleno de injusticias y maldades.

Vienen á la memoria y al labio; y nos imponen su relato.

El tipo aquel tenía razón.

Pero, he aquí algo menos sombrío:

En esa cañadita de yuchanes que dan al aire sus blancas bellotas, vivía Matías Albornoz, el cuereador de *antas* cuya casa persiguieron los duendes hasta el día que su linda hija, casándose, la dejó para seguir á su marido.

El inocente Matías abrigó, siempre, dudas de sí este había sido uno de esos espíritus malignos.

En aquel rancho que, entre dos corrales se ve allá en la falda del monte, ahora ruinoso y al parecer, vacío, habitaba con su familia Cheba Calatayo, un gaucho del antiguo cuño, que con todo el respeto tributado en aquellos tiempos, por la gente pobre á los señorones, enseñó, cierta vez, á uno de estos, y de magnífica manera, á ser gente.

Un día durante una tempestad en que el cielo diluviaba agua, granizo y relámpagos, don Calixto B., acaudalado vecino de Salta, sentado frente á la puerta de la calle en la galería que rodeaba su patio, miraba los torrentes de lluvia con la delicia del que está bajo el techo de su propio dominio.

De repente, un jinete, empapado el chiripá, y chorreando agua del sombrero, hasta las *roncadoras* que calzaba, entró en el zaguán y se refugió en él con su caballo.

Al ver esto, don Calixto, que tenía los cinco sentidos en su casa acabada de construir, ardiendo en ira:

—¡Guaso atrevido! –gritó– ¿quién te ha dado la insolencia de venir á ensuciar las baldosas del pavimento? Sal de ahí antes que te haga arrojar á palos.

El gaucho fijó una larga mirada en aquel hombre inhospitalario; se embozó en su poncho mojado, y tomó humildemente la calle entre las ráfagas de la tormenta.

Paso tiempo.

B., que había prometido á su hija única la linda y engreída Julianita, un paseo á Buenos Aires, cumplió su promesa, aprovechando unos hermosos días de primavera, y partió con ella en su volanta de viaje, un buen cochero, criados, y buenos caballos de repuesto.

Por aquellos años, un viaje á Buenos Aires irá poco menos que una expedición al polo: todo dificultades y peligros.

Pero el dinero lo allana todo; B. lo había derramado en abundancia, y Julianita iba cómoda y contenta.

Habían hecho ya dos jornadas, con días de apacible serenidad.

Pero, he aquí, que á la mitad del tercero, el cielo hasta entonces tan limpio se oscureció con negros nubarrones, desencadenándose una de esas terribles tempestades de Octubre, frecuentes en esta región.

Tanto como agua y granizo, llovían rayos en torno á los viajeros, y horrísonos truenos espantaban á los caballos, que dando medrosos bufidos, rehusaban caminar.

Tan aterrada como ellos, la pobre Julianita, abrazada de su padre, lloraba á gritos, can el rostro oculto en su pecho.

Proseguir la marcha era imposible: los caballos, apedreados por el granizo, cegados por el agua y espantados por las detonaciones eléctricas, desviábanse de los surcos del camino amenazando volcar el carruaje.

En el colmo de la angustia, don Calixto mirando en torno, divisó á lo lejos, á través de la lluvia, el rancho que entre corrales se alzaba á la falda del monte.

A él mandó al cochero que guiara.

Los caballos presintiendo un abrigo, calmáronse, tomaron el trote, y los viajeros llegaron luego á la primer tranquera que cerraba el recinto.

Los habitantes del rancho no aguardaron la demanda de hospitalidad, salieron solícitos al encuentro de los caminantes saludándolos con respetuosa benevolencia.

Era un matrimonio joven.

El uno de treinta años, el otro de veinte.

En tanto que el marido, cruzando los brazos con don Calixto, formaba á Julianita una silla de manos para transportarla del carruaje á la casa, la mujer llevaba el paraguas abierto sobre ella, para preservarla de la lluvia.

Como la niña tuviera frío, su huéspeda la llevó á la cocina, donde ardía un buen fuego.

Hízola sentar sobre dos blancas pieles de carnero; la abrigó con un chal de vicuña y acercó á su asiento la mesita de pino de un limpísimo mantelito, en que les sirvió panecitos cocidos al rescoldo, manteca fresca, y exquisitas tajadas de sandía y de melón, conservados bajo tierra desde la última cosecha.

Mientras la mujer servía á don Calixto y su hija, el marido regalaba en el cobertizo á criados y caballos; á estos, con morrales de maíz; á los otros con huevos fritos, aloja, y gran trozo de carne con cuero.

Entre tanto que unos y otros festejaban tan sabrosa merienda, la tempestad, verdadera borrasca de primavera, rápida tanto como brava, pasó con el viento que la trajo, dejando al cielo, otra vez límpido y sereno.

Los viajeros se dispusieron á continuar su camino.

El cochero enganchó de nuevo los caballos, y ocupó su asiento.

Julianita, contentísima, dio gracias á sus huéspedes por la amable acogida que les habían dispensado.

—Amigos –díjoles don Calixto– sin que nuestra gratitud disminuya, preciso es que yo pague el gasto que hemos hecho en la casa. ¿Cuánto vale?

—Señor –respondió el gaucho– Cheva Calatayo, aunque pobre, no vende el cariño que con tanto gusto hace á todo el que llega á su casa; y querer pagarlo es un agravio.

—¡Oh! Amigo, espera que no se ofenderá usted por una cosa tan natural. Pero –añadió don Calixto creyendo interesar al gaucho– quisiera, pues que vamos á Buenos Aires, el país de las maravillas, que me hiciera usted el encargo de alguna preciosidad, para traérsela.

—Pues, bien, señor –respondió Cheva Calatayo– voy á hacer á usted un encargo.

—¡Gracias á Dios! ¿Cuál es, amigo?

—Que dando de vuelta de Buenos Aires, esté usted en su hermosa casa de Salta, sentado en la galería sombreada de parras, mirando caer una tormenta, y que un pobre se guarezca bajo su techo, no lo despida señor... no lo despida.

¡Cómo se quedaría don Calixto, á esa hora, con la evocada remembranza!

– LVI –

Allá en las lontananzas del este, comenzaban á surgir las selvosas cimas de la serranía de las Pirguas.

En las praderas de su opuesto lado, y á orillas del Pasaje, están las ruinas de Miraflores, donde yacen, aguardándome, dos tesoros: uno de oro; otro de dolorosos recuerdos.

El terror del uno hame impedido, hasta ahora, ir á ese paraje, para extraer el otro, que tantos han buscado en vano.

Pero yo sé bien que allí está, á pesar de las fantásticas consejas del viejo mocobí cristianizado, que hablaba de misteriosas visitas de los expulsados jesuitas á su escondido tesoro.

¡Divagaciones de centenario!

Intactos estaban los goznes y la cerradura de la puerta que lo guarda, guando los tocaron mis manos de niña.

Después, cayó sobre ellos una montaña de escombros, desorientando toda investigación.

Y ahí está: ahora, aún más seguro para mí.

Tan mío, en verdad, que en los más aflictivos días del tristísimo pasado, era un dulce consuelo, la fe con que podía decir:

En mi mano está cambiar ese áspero camino en ancha senda de luz.

– LVII –

Como antes, me absorbió el pensamiento Salta, ahora, los recuerdos que poblaban el trayecto recorrido, habíanme de tal suerte embargado la mente, que me sorprendí al reconocer que llegábamos ya á Metan, término del pintoresco viaje en las mensajerías.

Anochecía.

A nuestro paso delante de una casa, á la entrada del pueblo, una voz infantil, grito preguntando:

—Señores ¿viene con ustedes mi tía?

Mis compañeros rieron de esta tía anónima.

—Sí, preciosa mía –respondí yo, apeándome para tomar en mis brazos á la linda hijita de Germán Torrens, que con su madre, salía á mi encuentro. Cenamos alegremente; y la preciosa chica antes de sentarme á la mesa se hizo poner el polisón y se dio, muy formal, una mano de polvos para agradar á su tía.

¡Qué gusto es encontrar estas cordialidades de familia, en el desamparo de un viaje!

Tomábamos café á las seis de la siguiente mañana, y Germán hizo preparar su carruaje para llevarme á la estación, donde comenzaba la línea del ferrocarril.

—Yo quiero irme con mi tía –dijo, de pronto la niña prendiéndose de mi brazo.

—Yo también –repuso Deidamia.
—¡Qué dicha! –añadí yo– Sentiría mucho que lo dijeras por broma.
—¡Oh! No, mi tía. Acompañaré á usted hasta el Rosario, donde debo visitar á una pariente.
—A propósito de parentesco –pregunté á Deidamia: –¿cuál es el orden del tuyo en la familia de La Torre?
—Mi madre, Inés Saravia, á quien usted vio anoche, y que vive más allá del Polear, fue hija de Tránsito La Torre.
¡Hija de Tránsito, aquella beldad peregrina, la más querida de mis compañeras de infancia!
Un momento después, corría, á través del Polear, seguida de Deidamia y de la niña, en dirección de la casa blanca, para abrazar á Inés y renovar el recuerdo inolvidable de la bellísima Tránsito.
En el álbum de la casa había un retrato suyo: fotografía tomada de un cuadro al óleo.
El horrible peinado de *bandós* le desfiguraba el semblante, pero allí estaban esos ojos: dos luceros con luz para iluminar el mundo.
Habría pedido á Inés aquel retrato si no juzgara indiscreta la demanda. Cerré el álbum suspirando y lo volví á su lugar.
Pero, ¡qué agradable sorpresa! Cuando, con Deidamia y su niña tomaba el tren, buscando una tarjeta en mi saquito de mano, encontré el retrato de Tránsito.
Su amable hija había hecho en obsequio mío el sacrificio.

– LVIII –

Con la niña dormida en nuestros brazos, platicábamos Deidamia y yo, á media voy, sentadas entre una abigarrada multitud de pasajeros que llenaba el *wagon*.
Ella nombraba, uno á uno, los lugares que con rapidez de vuelo atravesábamos, así como las que á lo lejos se divisaban á uno y otro lado del camino; yo, uno á uno, también, recordaba á sus antiguos habitantes, y los sucesos en ello acaecidos.
—Metan al Sur. ¿Reconoce usted aquella casa, mi tía?
—La de tus abuelos; que ellos dejaban cada quo, para ir á pasar el otoño con mis padres, en la nuestra de Miraflores, hasta que las discusiones de la fratricida guerra civil vino á separarlas, cambiando en odio aquella larga amistad.
—Pozo Verde.
—Allí Güemes rompió su espada y arrollando las tropas, penetró desar-

mado en el cuadro de los sublevados, que al verle cayeron á sus pies.
—Yatasto.
—En su capilla, la bendición nupcial unió á mis padres en el matrimonio de amor inalterable, á través del tiempo y de todos los dolores de la vida...

– LIX –

A medida que nos acercábamos al Rosario, el camino se animaba con multitud de jinetes de á pie, que marchaban por ambos lados de la vía, como en las inmediaciones de la ciudad.

En la estación, los parientes que Deidamia venía á visitar, estaban aguardándola, y la llevaron consigo.

¡Cuánto anhelé el gozo de bajar yo, también, á recorrer aquellos sitios queridos á la memoria!

Pero la media hora escasa que debía parar el tren, lo hacía imposible.

Asomaba á una ventana del *wagon*, contemplaba el pueblo, que el sol de una mañana primaveral alumbraba, mostrándome las huellas del progreso, donde yo buscaba las del recuerdo.

Había un hotel, carruajes, hermosos edificios de moderna construcción, con todo el *confort* de nuestra actual existencia; pero ¡ay! nada de otro tiempo, nada, sino la vieja iglesia, que, descuidada y derruida, parecía decirme:

—Aquí estoy todavía, porque aquello que me mantiene en pie, es eterno.

En mi recinto recibiste el primer sacramento del cristiano. ¿Has permanecido fiel á sus promesas, á través de las ruinas del tiempo?

¡Qué de recuerdos encerrados en ese vetusto templo!

Dos leguas distantes del Rosario, los habitantes de Horcones, chicos y grandes, los unos para jugar, los otros para rezar y bailar, éramos siempre parte integrante de todas las fiestas de su parroquia, servida hace muchos años por el cura Esteves, hombre de genio irascible, déspota como un Sultán, y más realista que el mismo Fernando VII *su señor*, como él lo llamaba pero; el muy protervo, usando siempre del plural.

Esto exasperaba el quisquilloso patriotismo de la época.

Así, un gaucho, dióle cierta vez, una lección que, alto en loor de aquel altivo hijo de la libertad.

Era un domingo.

La iglesia estaba llena de gente que, con devoto recogimiento, asistía á la misa parroquial.

Después del Evangelio, el cura, vuelto hacia su auditorio, leyó algunas amonestaciones matrimoniales; prescribió diciendo:

—El martes, treinta de Mayo, celebra la Iglesia con fiestas de guarda, al glorioso San Fernando, rey de España y de sus Indias.

—Un cuerno para él y para toda su casta –gritó una voz de todos conocida.

Era la voz de Nicamoto, el gaucho más valiente de los guerrilleros de Güemes.

Silencio de estupor siguió á esa enérgica protesta, tras la cual, Nicamoto Credo, estaba de rodillas y las manos juntas, en actitud de plegaria.

El cura, como si nada hubiera oído, prosiguió, al parecer, tranquilamente su misa.

Pero al volverse para dar la bendición, Basilio el sacristán, vio que estaba pálido; y:

—¡Malo! ¡Malo! –murmuró– La rabia le anda por dentro. ¡Pobre de mí! ¡ay! ¡de la negra cocinera! Hoy hace barbaridad y media.

Después del último Evangelio, el cura entró en la sacristía despojándose de las sagradas vestiduras y sin arrodillarse á *dar gracias* como solía, endosó el manteo, y tomó el camino de la casa parroquial.

Sentado en la galería de entrada, situada sobre la plaza, llena á esa hora de la gente que salía de misa, el cura mando llamar al Alcalde y le ordenó conducir á Nicamoto á su presencia.

El Alcalde obedeció.

Nicamoto que se hallaba en la plaza platicando en un grupo de amigos, al significarle aquella orden, fue, sin objeción alguna á saber lo que el párroco le quería.

—Te has hecho reo de tres delitos nefandos: blasfemia, profanación y escándalo, profiriendo palabras inmundas contra un santo y un ungido del Señor, en el templo de Dios y ante los fieles cristianos.

Dijo el cura, con acento de juez.

—Por desdicha de los tiempos, no tengo ya autoridad para castigar el desacato á la majestad real; pero sí, el sacrilegio contra la Majestad Divina.

Por este, voy á condenarte á la pena de cincuenta azotes, ante esta multitud, á la que has dado tan pernicioso ejemplo.

Nicamoto escuchó aquella receta con estoica sangre fría.

—Señor –dijo al terrible cura– si otra vez vuelve á proferir lo que ha dicho en el altar, allí, y delante de la hostia consagrada, he de responder lo mismo.

Pero, entonces como ahora, también he de añadir:

¡Señor! Si te he ofendido, aunque sea por la culpa de este cura sarraceno, aquí estoy, y que cumpla en mí su sentencia.

Y arrojando el poncho y la chaqueta militar, desnudas las espaldas y cruzados los brazos sobre el pecho, inclinó la cabeza, y se sometió al castigo.

—¡Miserable! –gritó en coro de un cabo al otro del *wagon*, el auditorio que me escuchaba.

—¡Suscribir á tal oprobio!
—¡Y todavía por el mandato de un cura!
—¡En vez de repetir el apóstrofe de la iglesia!
—Y pelar el facón, y rapar la corona al monigote.
—Así eran esos hombres en aquellos tiempos de heroísmo y de fe. Todo lo humano, bajo del sol, tiene su tiempo, ustedes tampoco harían, hoy, lo que ese Nicamoto, entonces, al frente del enemigo.
—Yo sí.
—Y yo.
—Y yo también.
—Yo francamente anhelo una guerra internacional, grande, extensa y reñida que haga ver á los nostálgicos del pasado, la pujanza y el arrojo de los que vamos á actuar en el siglo veinte.

Panchito Centeno, inclinándose, muy serio, á mi oído.

—¡Señora! ¡Si venimos con una carretada de héroes!

Sin embargo, aparte el chiste de la broma de Panchito que me hizo sonreír, había sinceridad, entusiasmo y ardimiento en esas declaraciones jactanciosas.

– LX –

Momentos antes de partir el tren, llegó la diligencia que dos veces al día sirve el establecimiento de las Aguas–Calientes.

Traía cuatro señoras y un caballero anciano, que ocupaban el interior; y en la zaga y la imperial una colección pintoresca de gauchos, cuyas caras lustrosas estaban cantando el rico baño que acababan de gozar.

El anciano tomó el tren en nuestro *wagon*.

Como le tocara asiento cerca de mí, deseando noticias de una amiga que se encontraba en las Aguas Calientes, lo saludé presentándome, y le pregunté por ella.

—La dejé esta mañana en el bosque cercano al establecimiento. Allí da lecciones á su niña, y se pasea largas horas, leyendo ó meditando.

—Admírame que á ella, tan espiritual, tan amable, le permita esos ocios la sociedad de los baños, en todas partes encantadora, debe serlo en intimidad y confianza, en ese paraje agreste.

—¡Oh!, no, señora mía fuelo en otro tiempo, cuando aquel lugar era un campamento, donde cada uno venía, plantaba su tienda, y vivía con sus vecinos cual amigos reuniéndose en meriendas y paseos entre los bosques o á lo alto de los cerros; bailando al aire libre: en la noche, á los rayos de luna; el día, á la sombra de un nogal silvestre.

Habríase dicho que eran una sola familia.

Ahora la industria ha traído al desierto sus provechosas mejoras, y levantado en él un hotel hermoso, provisto de todo el deseable *confort*: frescos dormitorios con todos los accesorios de la elegancia; lujosos comedor, un salón para la música, para al danza, y sobre todo para gozar el encanto dulcísimo de la conversación.

Pero el salón permanente, casi siempre vacío, el piano mudo, y pasadas las horas del baño y de la mesa, donde reina, si no el silencio, la frialdad, y la desconfianza, los huéspedes sepárense tan extraños unos á otros, como el primer día, las señoras se encierran, cada una en su cuarto y se acuestan temprano, para levantarse lo más tarde posible.

Lástima dábame de ver á los jóvenes privados del goce más dulce en el comercio humano: la sociedad de la mujer, recurrir al juego o al sueño, para llenar esa bella porción del tiempo: la noche.

Y es que, con el progreso ha venido el lujo, servido por la vanidad, que por todas partes ha extendido su imperio.

Allí, en ese lugar apartado, entre bosques y peñascos, se les halla, como en Buenos Aires, encarnado en las mujeres, extraviando su buen sentido con despóticas exigencias, locas pretensiones y necias rivalidades.

Los vestidos más o menos costosos, los abanicos, las joyas, las flores y los *aigretts* de los sombreros, abren abismos que, aún en ese paraje apartado, separan, una de otras, á las señoras, haciendo el aislamiento donde había de encontrarse una bella sociedad.

Caí de las nubes oyendo al pasajero.

—¡Ah! ¡Señor, qué decepción! –dije, verdaderamente apesarada– ¡Y yo, que, imaginando deliciosos los días de los bañistas en las Aguas Calientes, con el orgullo de mi provincialismo, convidaba á mis amigos de Buenos Aires á aquel oasis, donde gozarían los encantos de la naturaleza y los de la vida social!

—Esa es su historia antigua; cuando, á la par de la eficacia de sus aguas, eran provechosas á la salud de las expansiones de una cordial intimidad.

Si algún Arsene Houssaye[34] hubiera escrito «el mundo de esas aguas», qué tesoro de relatos interesantes habría extraído de la vida diaria en aquella agrupación fraternal.

Hoy, una caza al tigre, con todas sus horripilantes peripecias; mañana una batida á las colmenas; otro día á cosechar flores en lo hondo de las cañadas.

Unas noches, ascensión á la cima de un cerro, para ver salir la luna llena y apostrofarla cada uno, con alguna frase de su invención.

Ya era baile de cómica etiqueta en que, con violín, y guitarra, y flauta, bailaban antiguas danzas: minué, paspié y la contradanza del desmayo.

Se cantaba, se recitaban versos y se representaban comedias.

Una noche, las jóvenes improvisaron un drama.

---

34 Arsène Houssaye: (1815-1896) novelista, poeta y hombre de letras francés, representante del movimiento bohemio. Escribió como sátira *Histoire du quarante et unième fauteuil de l'Académie française*

En el primer acto, á la entrada del parque de un convento de religiosas, un héroe proscrito, perseguido y herido mortalmente, llega y pide asilo.

Las santas mujeres, apiadadas de su desgracia salen á recibirlo.

Las autoras, obligadas actrices, trasformadas en tocas sus pañuelos de batista, y ellas en lindísimas monjas, salieron en comunidad á recibirlo, y se internaron en el montuoso camino del Rosado, perplejas sobre la confección del protagonista; pero en la esperanza de hallarlo en algún gaucho melenudo de los muchos que por allí andaban, y de quien pudieran reír á su gusto.

Pero mientras el *público* reía también, pensando en esto, he aquí, que se vio regresar á la graciosa comunidad, trayendo consigo á un hombre alto, esbelto, de ojos y cabellos negros, así como su larga barba, que descubierto y llevando de la brida su caballo las seguía silencioso y triste.

—¡El héroe! –murmuran en el corro de hombres.

—¡El héroe! –cuchichearon las señoras.

Era un viajero extraviado que, camino de Buenos Aires al Perú, había perdido el guía en aquellas inmediaciones.

El extranjero fue acogido cordialmente.

Las jóvenes, renunciando por el momento á su improvisado drama, propusieron un juego de prendas, y pidieron al viajero tomara en él su parte.

Llegada la hora de las sentencias, las muchachas intrigaron para que á este lo condenaran á contar una historia.

El desconocido se resignó galantemente, y hablando en castellano correctísimo, pero con marcado acento italiano, refirió la historia de un héroe, que, cautivo en los Plomos[35] de Venecia, traicionado en su amor, vencido y aherrojado, pero firme en su fe, burló á sus guardianes, rompió sus cadenas, y llegó á tiempo de salvar á sus compañeros, atraídos por los tiranos á una infame emboscada...

El viajero se quedó sólo, con la frente entre las manos, sentado en las raíces del árbol donde había referido su historia.

No volvió á vérsele.

Al día siguiente había desaparecido.

A pesar de su extraña despedida, el misterioso italiano dejó un simpático recuerdo en la colonia balnearia.

Nadie dudó que aquella historia no fuera la suya.

Las jóvenes á quienes su imagen aparecía realzada con la aureola prestigiosa de la gracia, le consagraron una especie de culto.

Llamábanlo con tierna familiaridad: Mario.

Juraban por aquel nombre; en los juegos de prendas con él se *contentaban*, y nombrábanlo *suspirando* en las Columnas del Amor.

Todo esto, no sin gran despecho de los jóvenes estancieros de los contornos, que creyéndose con derechos adquiridos en aquella romántica soledad, no podían soportar la preferencia acordada á un desconocido.

---

35 *Los Plomos*: prisión situada bajo los tejados del Palacio de los Dux; recubiertos con láminas de ese metal donde la existencia -por variaciones de la temperatura- era atrozmente penosa.. De allí se dice fugó Casanova de Seingalt

En cuanto á los bonaerenses, eran gentes de mundo; y de todo aquello sacaban partido, para dar á nuestras bellas discretísimas bromas, en escenas como estas

—Amelia, hágame usted el favor de este vals.
—Estoy cansada. ¡He bailado tanto!
—¡Oh! Diga usted la verdad; diga usted que quiere recoger la mente para pensar en Mario.
—Pues para que usted vea cuan falsa es esa suposición, vamos á valsar.
—Una gracia, Alina.
—¿Cuál?
—Esa flor prendida en su cotilla.
—¡Temerario! ¡la pasionaria que llevo en el seno!
—En verdad que mi pretensión no sólo es temeraria, sino sacrílega. ¡Perdón! Una flor de nombre tan sentimental, debe ser consagrada al héroe de los Plomos. Olvidaba que lo oía decir á usted, no ha mucho.
—¿A mí? ¡Qué mentira!

Pero la flor rehusada caía del escote de la niña á la mano del joven, que la colocaba triunfante en el ojal de su gabán.

La visión del misterioso peregrino, tuvo un sangriento epílogo.

Juan J. Arauz, uno de nuestros compañeros de aquella época de Aguas Calientes, hallándose en París, pasaba una tarde por la calle de Grenelle, cuando vio venir en dirección á la plaza de este nombre, un carro cercado de guardias y seguido de una inmensa multitud.

En él iban tres hombres con las manos ligadas á la espalda.

Uno de ellos, en pie, imponente y sereno, miraba en torno, cual si sus ojos buscaran á alguien.

—¡Orzzini! ¡Muere en paz! *Tu idea marcha* –gritó, de repente, una voz que parecía cernerse en el espacio.

El hombre que estaba de pie sonrió con una sonrisa melancólica que despertó un recuerdo en la memoria de Arauz.

Aquel hombre era el viajero extraviado de las Aguas Calientes...

– LXI –

El silbato de la locomotora hizo oír su chillido estridente; el tren se detuvo.

—Hemos llegado al Tala –dijo, interrumpiéndose, el narrador, que nos saludó y bajó, diciendo:

—¡Gracias á Dios! Ya estoy en mi tierra.

. . . .

¡Ay! ¡yo dejaba la mía!
¿Volvería á verla más?
Probablemente, no.

Sin embargo, dejábala, ahora, no cual en aquel tristísimo día de otro tiempo, desgarrada, llorosa, amenazada de muerte, sino esplendente, radiosa, abierto su fecundo suelo á todas las vías del progreso humano; con una juventud brillante, engrandecida por el trabajo y la libertad, herencia santa, que nuestros padres á precio de sangre, la conquistaron en los campos de la gloria.

Así, las cortas horas que habíame sido dado cobijarme en su seno, cuán saludables fueron para el alma y para el cuerpo. Aquella, sintió adormecerse imborrables dolores; éste, desprenderse y caer, como una vestidura pesada, las dolencias que lo aquejaban; y al dejar aquella tierra bendita, algo traje conmigo de su beatífica atmósfera.

FIN

Thank you for acquiring

La tierra natal

This book is part of the
Stockcero Spanish & Latin American Studies Library Program.
It was brought back to print following the request of at least one hundred interested readers –many belonging to the North American teaching community– who seek a better insight on the culture roots of Hispanic America.

To complete the full circle and get a better understanding about the actual needs of our readers, we would appreciate if you could be so kind as to spare some time and register your purchase at:
http://www.stockcero.com/bookregister.htm

The Stockcero Mission:
To enhance the understanding of Latin American issues in North America, while promoting the role of books as culture vectors

The Stockcero Spanish & Latin American Studies Library Goal:
To bring back into print those books that the Teaching Community considers necessary for an in depth understanding of the Latin American societies and their culture, with special emphasis on history, economy, politics and literature.

Program mechanics:
- Publishing priorities are assigned through a ranking system, based on the number of nominations received by each title listed in our databases
- Registered Users may nominate as many titles as they consider fit
- Reaching 5 votes the title enters a daily updated ranking list
- Upon reaching the 100 votes the title is brought back into print

You may find more information about the Stockcero Programs by visiting www.stockcero.com

www.ingramcontent.com/pod-product-compliance
Lightning Source LLC
Chambersburg PA
CBHW031638160426
43196CB00006B/463